MARCO ⊕ POLO

Elsass

Reisen mit Insider Tipps

W0057467

Diesen Führer schrieben Peter Schenk und
Jutta Hartlieb, Journalisten im Südelsass
und in Straßburg. Beide berichten von
dort für deutsche und Schweizer Medien.

marcopolo.de

Die aktuellsten Insider-Tipps finden Sie unter
www.marcopolo.de, siehe auch Seite 103

MAIRS GEOGRAPHISCHER VERLAG

SYMBOLE

MARCO POLO INSIDER-TIPPS:
Von unseren Autoren für Sie entdeckt

★ **MARCO POLO HIGHLIGHTS:**
Alles, was Sie im Elsass kennen sollten

⚡ HIER HABEN SIE EINE SCHÖNE AUSSICHT

🏃 WO SIE JUNGE LEUTE TREFFEN

PREISKATEGORIEN

Hotels
€€€ über 100 Euro
€€ 60–100 Euro
€ unter 60 Euro

Die Preise gelten pro
Nacht für zwei Personen
im Doppelzimmer ohne
Frühstück.

Restaurants
€€€ über 35 Euro
€€ 25–35 Euro
€ unter 25 Euro

Preise für ein Dreigänge-
menü ohne Getränke.
Mittags gibt es häufig ein
günstigeres Menü.

KARTEN

[114 A1] Seitenzahlen und Koordinaten
für den Reiseatlas Elsass

[U A1] Koordinaten für die Karte Straßburg
im hinteren Umschlag

[0] außerhalb der Straßburgkarte

Zu Ihrer Orientierung sind auch die Orte mit
Koordinaten versehen, die nicht im Reiseatlas
eingetragen sind.

GUT ZU WISSEN

INHALT

Die wichtigsten
MARCO POLO Highlights

Sehenswürdigkeiten, Orte und Erlebnisse, die Sie nicht verpassen sollten

1 **Haut Barr**
Beeindruckendes Panorama und gepflegte Küche im Schlossrestaurant (Seite 33)

2 **Le Bruch**
Mittelalter in Wissembourg: schöne Bürgerhäuser an den Ufern der Lauter (Seite 35)

3 **Burg Fleckenstein**
Wer Burgen liebt, sollte sich diese nicht entgehen lassen (Seite 38)

4 **Cathédrale Notre-Dame**
Das Straßburger Münster ist zu Recht das am meisten besichtigte Baudenkmal im Elsass (Seite 43)

5 **Europaparlament**
Der futuristische Glasbau symbolisiert Transparenz (Seite 45)

6 **Petite France**
Ein Spaziergang durch die Petite France gehört zum Straßburgbesuch einfach dazu (Seite 47)

7 **Château des Rohan**
Sehenswerte Museen in stilvollem Rahmen (Seite 49)

Kanalidyll: Petite Venise, Colmar

Straßburger Münster: Westfassade

 »Maria im Rosenhag« in Colmar
Das berühmte Gemälde von Martin Schongauer steht im Altarschrein der Église des Dominicains (Seite 56)

 Petite Venise
Idylle pur in Colmar – ideal zum Bummeln oder für eine Rast auf einer Caféterrasse (Seite 57)

 Isenheimer Altar in Colmar
Der großartige Flügelaltar im Colmarer Musée d'Unterlinden (Seite 58)

 Route des Crêtes
Die Vogesenkammstraße bietet ein prachtvolles Panorama nach dem anderen (Seite 62)

 Bibliothèque Humaniste Sélestat
Ein Erlebnis nicht nur für Freunde alter Bücher (Seite 64)

 Turckheim
Besonders schöner Ort am Eingang ins Münstertal (Seite 73)

Schwindel erregend: Fleckenstein

 Musée National de l'Automobile
Eine prachtvolle Autosammlung in Mulhouse (Seite 79)

 Écomusée Ungersheim
Auf ehemaligen Abraumhalden im elsässischen Kalirevier ist eines der schönsten Freilichtmuseen Frankreichs entstanden (Seite 83)

 Die Highlights sind in der Karte auf dem hinteren Umschlag eingetragen

Entdecken Sie das Elsass!

Französisches Savoir-vivre und alemannische Gemütlichkeit: Im Elsass sind Sie in der Fremde und doch zu Hause

Das Zitat fehlt in praktisch keinem Reiseführer: »Welch ein schöner Garten«, soll der Sonnenkönig Ludwig XIV. ausgerufen haben, als er vor mehr als 300 Jahren erstmals das Elsass erblickte. Doch aktuell ist es immer noch, denn das Elsass hat tatsächlich jede Menge beeindruckender und vor allem abwechslungsreicher Landschaft zu bieten: Die Vogesen präsentieren sich im Norden als typisches Mittelgebirge mit sanften, bewaldeten Hügeln und romantischen Tälern – ideal für Radtouren und geruhsame Spaziergänge. Im Süden erinnern sie mit ihren wilden, manchmal schroffen Gipfeln, den kargen, teilweise mit Blaubeeren bewachsenen Hochweiden und den eiskalten Bergseen schon fast an die Alpen, deren Umrisse man bei klarem Wetter erahnen kann. Hier finden auch sportliche Wanderer und Kletterer ihre Herausforderungen.

Zum Rhein hin wird die Landschaft lieblicher, zwischen Weinbergen liegen blumengeschmückte Dörfer mit Fachwerkhäusern und

Winzer beim Rebschnitt: unterwegs an der Weinstraße

alten Brunnen – praktisch jedes eine Postkartenidylle. Der Rhein ist zwar auch im Elsass weit gehend begradigt, doch wurden, nicht zuletzt dank dem Druck von Umweltschützern, einige der typischen Auenwälder entlang des Flusses gerettet. Diese Feuchtgebiete, die bei Hochwasser regelmäßig überflutet werden, sind ein idealer Lebensraum für seltene Pflanzen, etwa Orchideen und Schlinggewächse, und vom Aussterben bedrohte Tiere. In den Altarmen des Rheins können Spaziergänger noch Biber beim Dämmebauen beobachten, und in einigen Nebenflüsschen wurden mit Erfolg Fischotter wieder angesiedelt.

Lohnend ist ein Elsassurlaub aber auch für kulturell Interessierte:

Zum idyllischen Stadtbild vieler Orte tragen die kleinen Flüsse bei – wie hier die Lauter in Wissembourg

Geschichtstabelle

bis 1. Jh. v. Chr. In den letzten Jahrhunderten v. Chr. gehört das Elsass zum keltischen Siedlungsraum

58 v. Chr. Julius Caesar erobert das Elsass, es gehört somit zum Imperium Romanum

277 n. Chr. Einfälle der Alemannen

ab 406 Immer öfter fallen die Germanen ein, die Alemannen lassen sich im Elsass nieder

7. und 8. Jh. Klöster werden gegründet (Murbach). Das Elsass ist Herzogtum innerhalb des Frankenreichs

842 Im berühmten Bündnisschwur der »Straßburger Eide« schließen sich Ludwig der Deutsche und Karl der Kahle gegen ihren Bruder Lothar zusammen. Als erster Vertrag wurde er in Althochdeutsch und Altfranzösisch geschlossen, den Umgangssprachen der beiden Völker

870 Im Vertrag von Mersen erhält Ludwig der Deutsche das Elsass zugesprochen

925 Das Elsass wird Teil des Herzogtums Schwaben und später an die Staufer verliehen, unter denen viele Klöster entstehen

1354 Gründung der Dekapolis, des elsässischen Zehnstädtebunds

16. Jh. Die Reformation fasst im katholischen Elsass immer mehr Fuß. Straßburg und Sélestat werden zu Hochburgen des Humanismus, Bauernaufstände werden blutig niedergeworfen

1648 Nach dem Dreißigjährigen Krieg treten die Habsburger ihre elsässischen Besitzungen im Westfälischen Frieden an den König von Frankreich ab. Das Elsass gerät immer mehr unter französische Herrschaft

1870/71 Niederlage der Franzosen im Deutsch-Französischen Krieg. Sie müssen das Elsass und Teile Lothringens an das Deutsche Reich abtreten

1918 Im Ersten Weltkrieg kommt es im Elsass zu schweren Kämpfen, das Elsass wird wieder französisch

1940 Die Deutschen besetzen Frankreich, das Elsass wird dem Deutschen Reich angegliedert, die Elsässer werden zwangseingezogen und meist an die russische Front geschickt

1945 Nach dem Sieg der Alliierten im Zweiten Weltkrieg wird das Elsass wieder französisch

1949 Straßburg wird zum Sitz des Europarates bestimmt

2002 Der Euro löst den Franc als Landeswährung ab

Der Weinbau sorgt für Wohlstand: stattliche Fachwerkhäuser in Barr

Zahlreiche imposante Burgen und Burgruinen, Orte mit mittelalterlichem Stadtkern, sehenswerte Kirchen und Museen zeugen von der reichen Vergangenheit der Region zwischen Rhein und Vogesen. Und schließlich kann sich das Elsass rühmen, die französische Region mit dem dichtesten Netz von – im doppelten Sinn des Wortes – ausgezeichneten Feinschmeckertempeln zu sein. Viele der Sternerestaurants verbinden die reiche Tradition der klassischen französischen Küche mit regionalen Einflüssen – ein Erlebnis für Gourmets. Aber auch in einfacheren Gasthäusern – in den typischen Weinstuben etwa oder in den rustikalen *fermes auberges,* den bewirtschafteten Bauernhöfen in den Vogesen – können Sie oft gut, meistens authentisch und praktisch immer reichhaltig essen. Und mit Spätzle, Leberklößchen und Sauerkrautplatten wird dabei häufig aufgetischt, was zu den Lieblingsspeisen gerade der Deutschen gehört.

Überhaupt ist für Deutsche (und Schweizer) vieles vertraut. Das fängt schon mit der Sprache an, dem Elsässischen, einem alemannisch-moselfränkisch geprägten Dialekt des Deutschen. Da verstehen die ansonsten so ordnungsliebenden und gesetzestreuen Elsässer übrigens keinen Spaß. Die allabendliche halbstündige Regionalsendung auf Elsässisch (mit französischen Untertiteln für zugereiste Franzosen) hat ebenso viele Zuschauer wie die französischsprachigen Nachrichten. Und immerhin jedes zweite Kind im Elsass lernt in der Grundschule Deutsch.

Am Rhein: Biber beim Dämmebauen beobachten

Deutsche Urlauber kommen vor allem im Nordelsass, wo der Dialekt noch am lebendigsten ist, ohne Französischkenntnisse aus. Auch in den Städten findet sich fast immer

In den Vogesen mischt sich das Liebliche des Elsass mit rauem Bergcharme

jemand, der Deutsch spricht. Das Auftreten verlangt allerdings etwas Fingerspitzengefühl: Schließlich haben die Elsässer nicht nur gute Erfahrungen mit ihren rechtsrheinischen Nachbarn gemacht, die ja nicht immer als Touristen kamen, sondern ab und zu auch als Besatzer.

Die Sprachenfrage spiegelt die paradoxe Geschichte des Elsass wider – und die Eigenart seiner Bewohner. Sie werden in »Innerfrankreich«, wie man hier den Rest des Landes nennt, zwar wegen ihrer Tüchtigkeit geschätzt, oft aber auch wegen ihres Akzents und einer angeblich »typisch germanischen« Liebe zu Ordnung und Disziplin gehänselt. Doch trotz manch ungewollter Periode unter deutscher Herrschaft haben sich die Elsässer ihre französische Lebenskunst nicht nehmen lassen. Und dazu gehört nun mal das gute Essen.

» *Die sanften Hügel sind ideal für Radtouren* «

Das Elsass hat freilich mehr zu bieten als Gaumenfreuden: romantische Winzerdörfer entlang der Weinstraße, trutzige Burgen, romanische und gotische Kirchen, liebliche Rheinauen, abgelegene Täler und den herben Charme der Hochvogesen. Die pittoresken mittelalterlichen Stadtkerne von Colmar und Straßburg gehören zu den touristischen Highlights. Doch zahlreiche andere Orte lohnen den Besuch ebenso – Wissembourg und Saverne etwa, die Winzerorte Barr und Ammerschwihr oder das Städtchen Guebwiller, um nur einige zu nennen.

Das Elsass erstreckt sich über eine Länge von 180 km, zwischen Rhein und Vogesen liegen 40 bis 50 km. Der höchste Punkt der Vogesen ist mit 1424 m der Grand Ballon. Das Mittelgebirge bildet auch eine Barriere für die aus Westen vom Atlantik heranziehenden Regenwolken – Colmar ist eine der trockensten Städte Frankreichs.

1,6 Mio. Menschen wohnen im Elsass, ein Viertel davon im Raum Straßburg, 220 000 in der Industriestadt Mulhouse, drittgrößte Stadt ist Colmar mit 83 000 Ew. Die Region ist gemessen am Bruttosozialprodukt nach dem Großraum Paris die zweitreichste in Frankreich. Zahlreiche ausländische Unternehmen haben hier Niederlassungen, vor allem deutsche und japanische. Die Arbeitslosenquote liegt mit 5,5 Prozent deutlich unter dem französischen Durchschnitt von knapp zehn Prozent. Zum Teil ist dies freilich auf die rund 60 000 Elsässer zurückzuführen, die zur Arbeit nach Deutschland oder in die Schweiz pendeln.

Eine Grenzregion war das Elsass schon während der über vier Jahrhunderte dauernden Besatzung durch die Römer, die 58 v. Chr. begann: Wegen der Frontnähe zu den germanischen Barbaren verzichteten die Römer auf große Bauwerke. Dafür führten sie den Weinbau ein, wovon Einheimische und Besucher noch heute profitieren – und womit wir schon wieder beim Thema leibliche Genüsse sind. Doch dass es neben Riesling und Gewürztraminer, neben Sauerkraut und Flammenkuchen noch weit mehr Gründe gibt zu sagen:»Entdecken Sie das Elsass!« – davon möchte Sie dieser Reiseführer überzeugen.

> *Colmar: eine der trockensten Städte Frankreichs*

»Gastro-touristische Fata Morgana«

Ein Buch räumt auf mit den Postkartenklischees

Mit den komplizierten Beziehungen der Elsässer zu den Deutschen – und umgekehrt – setzt sich der Schriftsteller und Fernsehjournalist Martin Graff in »Von Liebe keine Spur« auf amüsant-ironische Weise auseinander. Die angebliche Liebe der Deutschen zum Elsass sei in Wirklichkeit die Geschichte eines Missverständnisses: Die Tausenden von Germanen, die heute als Touristen einreisten oder sich gar ein Häuschen im Elsass kauften, gingen einer »gastro-touristischen Fata Morgana« auf den Leim. Denn die Elsässer, wie die Deutschen sie sehen, gebe es nicht mehr. Heute seien sich Elsässer und Deutsche kulturell so fremd wie nie zuvor. Wenn Deutsche das Elsass allzu eng umarmten, wecke dies bei den Einheimischen zwiespältige Gefühle. Der 1944 geborene Autor macht Schluss mit den Postkartenklischees von der geraniengeschmückten Fachwerkidylle. Er analysiert voll Ironie und Spott die Geschichte und Gegenwart der Grenzregion.

Störche und Orgeln, Technik und der TGV

Das Elsass hat seine Traditionen bewahrt, ohne den Anschluss an moderne Technologie zu versäumen

Bas-Rhin und Haut-Rhin

Bezeichnung der beiden elsässischen Départements, deren Grenze am ehemaligen Landgraben südlich von Sélestat verläuft. Die Aufteilung stammt aus der Französischen Revolution. Alle Jahre wieder gibt es Vorschläge, die Namen zu verändern. So beschweren sich die Unterelsässer, die Bezeichnung Bas-Rhin sei abwertend, und möchten am liebsten das »Bas« ersatzlos streichen, was wiederum den Oberelsässern nicht gefällt. Überhaupt trennt Süd- und Nordelsässer bisweilen eine herzliche Abneigung, Reibereien sind an der Tagesordnung. Wenn es allerdings gegen Paris geht, findet man wieder zueinander.

Bier

Das Elsass ist nicht nur das Land des Weines, sondern auch des Bieres – auch wenn in den letzten Jahren viele kleine Brauereien schließen mussten oder aufgekauft wurden. Immerhin die Hälfte von allem Bier, das in Frankreich getrunken wird, stammt aus dem Elsass. Außerdem gibt es neuerdings auch

Das Elsass ist auch ein Land der Orgeln: Instrumentenbauer in Colmar

wieder Kleinstbrauereien, so genannte *microbrasseries*.

Heidenmauer

Le mur païen bleibt eines der ungelösten Mysterien des Elsass. Die Festungsmauer befindet sich auf dem Mont Sainte-Odile (Vogesen), ist etwa 10 km lang, umschließt mehr als 1 km^2 und besteht aus tonnenschweren, bis zu 2 m breiten Steinen. Stellenweise ist sie noch bis zu 3 m hoch. Über die Entstehungszeit streiten sich die Experten: Die Angaben liegen zwischen 1000 und 100 Jahren vor Christi Geburt. Wie unsere Vorfahren es angestellt haben, die Mauer zu errichten, und vor allem, warum, das hat bisher niemand klären können. Man vermutet in ihr die Reste einer keltischen Burg.

Maginotlinie

Die Ligne Maginot ist ein Verteidigungswall aus starken Forts, betonierten unterirdischen Kampfständen, Batterien und Panzerhindernissen, der zwischen dem Ersten und dem Zweiten Weltkrieg geschaffen wurde, um Frankreich gegen den deutschen Erbfeind zu schützen. Aus Geldmangel konnte der Bau nicht ganz beendet wer-

Ligne Maginot: Das Motto »Schwerter zu Pflugscharen« interpretierte man im Elsass kreativ, zum Beispiel als »Bunker zu Champignonfarmen«

den, man beschränkte sich auf die Linienbefestigung. Geholfen hätte der Wall allerdings auch bei Fertigstellung nicht. Die Deutschen umgingen die als uneinnehmbar geltende Maginotlinie durch den Einmarsch in das neutrale Belgien und die Niederlande. Anfang der Siebzigerjahre wurden viele Bunker von der französischen Armee an Privatleute verkauft und dienen heute als Wochenendwohnung oder für die Champignonzucht. Zwei Bunkeranlagen der Maginotlinie kann man heute im Elsass besichtigen, bei Schœnenburg und Lembach.

Marseillaise

Die französische Nationalhymne wurde 1792 von Claude-Joseph Rouget de Lisle in Straßburg ursprünglich als Kriegsgesang für die Rheinarmee komponiert. Im Sommer 1792 sang ein Marseiller Freiwilligenbataillon das Revolutions- und Freiheitslied bei seinem Einzug in Paris.

Minister

Trotz aller Regionalisierung bleibt Frankreich ein pariszentriertes Land. Umso wichtiger ist es, dort mit einem Minister über eine elsässische Lobby zu verfügen. In ministerlosen Zeiten versucht sich das Elsass über seine *députés maires* zu helfen, denn im Gegensatz zu Deutschland können die Bürgermeister großer Städte auch Parlamentsabgeordnete sein, um so in der *grande capitale* etwas für ihren Ort zu bewegen.

Orgeln

Das Elsass wird auch Land der Orgeln genannt. Es ist die französische Region mit den meisten Orgeln: In knapp 1000 Gemeinden gibt es 1350 Orgeln, von denen 176 zum nationalen Kulturgut erklärt wurden. Die meisten davon stammen aus dem Zeitraum von 1700 bis 1850. Jeder zweite Orgelbauer Frankreichs wohnt im Elsass, wo es auch die einzige nationale Orgelbauerschule gibt. In der Region ist ein gutes Dutzend Orgelbauunternehmen ansässig, 2000 Organisten üben ihren Beruf im Elsass aus.

Sauerkraut

Elsässisches Leib- und Magengericht, das sich in der Region großer Beliebtheit erfreut. In Turckheim bei Colmar wurde im Herbst 1989 mit 3000 kg Kraut das größte *choucroute* der Welt gekocht. Im Sundgau besteht sogar eine »Sauerkrautbruderschaft«, die die Verteidigung und Weiterentwicklung dieser geliebten Speise auf ihre Fahnen geschrieben hat. Zweimal jährlich werden Ehrenmitglieder in die *confrérie* aufgenommen, übrigens auch Frauen. Bevor sie jedoch nach Ablegen des Sauerkrautschwurs feierlich durch den Schulterschlag mit einem riesigen Holzschlägel endlich auch zu dem edlen Kreis dazugehören, müssen sie aus einem Sauerkrautgericht die »Eindringlinge« herausfinden – eine Karotte, einen angebissenen Apfel, einen Salat und eine Lauchstange.

Schweitzer, Albert

Einer der berühmtesten Elsässer. Der Theologe, Musiker und Urwalddoktor Albert Schweitzer (1875–1965) wurde in Kaysersberg geboren. Bekannt wurde der radikale Humanist vor allem durch seine Tätigkeit in Afrika, wo er in Lambarene in Gabun ein Buschkrankenhaus gründete, das noch heute existiert. Museen in seinem Geburtshaus in Kaysersberg wie auch im Haus seiner Eltern in Gunsbach geben Aufschluss über das Leben Schweitzers. 1953 erhielt er den Friedensnobelpreis.

Storch

Symbolvogel des Elsass. Die Zeiten, wo Meister Adebar in großer Anzahl auf den Dächern der elsässischen Bauernhäuser brütete, sind allerdings vorbei. Die Zahl der Störche hat stark abgenommen. In Aufzuchtzentren wie in Hunawihr bemüht man sich, den Störchen wieder auf die Beine zu helfen. Im Freilichtmuseum Écomusée in Ungersheim bei Mulhouse schweben wie-

(Selbst-)Ironische Glossen

Wie die elsässische Kabarettistin Huguette Dreikaus ihre Heimat sieht

Mit viel Spott und Witz beschreibt die Kabarettistin, Glossenschreiberin und Deutschlehrerin Huguette Dreikaus ihre elsässische Heimat. Selbstironisch erinnert sich die Mittfünfzigerin an ihre Kindheit im nordelsässischen Dauendorf, als aus den Fenstern patriotisch französische Fahnen hingen, während aus dem Radio deutsche Volksmusik ertönte. Auch wenn sich seither vieles geändert hat – einige der amüsanten Beobachtungen in ihrem Buch »Das Elsass, das ich meine« treffen noch immer zu. Zumal Dreikaus auch die heutige Alltagskultur des Elsass aufs Korn nimmt, die Errungenschaften der Konsumgesellschaft, die auch den neuen »Lifestyle« der Elsässer prägen.

Elsässisches High-Tech: Straßburgs hochmoderne Straßenbahn setzt Maßstäbe für eine fortschrittliche und umweltfreundliche Verkehrspolitik

der zahlreiche Exemplare durch die Lüfte und bauen ihre imposanten Nester auf die Dächer.

Technik

Bilderbuchdörfer und Fachwerkhausromantik hin oder her, mit dem technischen Fortschritt gehen die Elässer wesentlich unbedarfter und unkritischer um als ihre östlichen Nachbarn. Ob dies immer ein Plus ist, mag dahingestellt sein. In Mulhouse teilt seit langem ein computergesteuertes Informationssystem die Wartezeiten für die verschiedenen Buslinien mit – falls es nicht gerade eine Panne hat. Auch das Parken verläuft hochmodern: Wer im Besitz der entsprechenden Parkkarte ist, zahlt nur noch die real verstrichene Zeit, der Rest wird ihm beim Wegfahren vom Automa-

ten erstattet. Auch im Kampf gegen den Hundekot bedient man sich der Hilfe der Technik: Ein großer, auf ein Motorrad montierter Staubsauger säubert die Straßen. In einem großen Supermarkt lässt Orwell grüßen: Bei bestimmten Waren müssen die Kunden ihre Schecks mit einem Fingerabdruck gegenzeichnen. Auch eine Werbekampagne für ein Einkaufszentrum in Straßburg konnte sich sehen oder besser hören lassen. An Bushaltestellen wurde die frohe musikuntermalte Werbebotschaft durch Sensoren immer dann ausgelöst, wenn menschliche Opfer sich im Unterstand befanden. Aber keine Angst, diese Aktion wurde inzwischen eingestellt. Auch Colmar steht hinsichtlich origineller Initiativen nicht abseits: In einem extra für Kinder konzipierten Friseursalon herrscht futuristischer Weltraumlook, und die Kleinen können sich die Wartezeit mit Computerspielen verkürzen. Aber selbst auf dem Land ist der technische Fortschritt angekommen: So erstellt der kleine Ort Biesheim in der Nähe von Neuf-Brisach am Rhein seit Anfang der Neunzigerjahre in einem hochmodernen Studio sein wöchentliches Lokal-TV-Programm, das Dorffernsehen wird in das örtliche Kabelnetz gespeist.

TGV-Est
Die Hochgeschwindigkeitslinie TGV-Est von Straßburg nach Paris soll die Fahrt von derzeit fast vier Stunden auf zwei Stunden und 19 Minuten reduzieren. In den letzten zehn Jahren war der TGV-Est ein Dauerbrenner der elsässischen Befindlichkeit. Immer wieder fühlte sich die Region von den unterschiedlichen Regierungen schlecht behandelt, weil das Projekt nicht vorankam. Nun ist endlich die Finanzierung geklärt, Anfang 2002 begannen die Bauarbeiten. Bis 2006 soll die Hochgeschwindigkeitstrasse fertig sein.

Ungerer, Tomi
1931 im Elsass geborener, heute in Irland lebender Künstler und Zeichner mit anerkannter Gabe zur Provokation. 1990 sorgte sein Plakat zum Blumenkorso von Sélestat für Aufregung. Darauf ritt eine spärlich bekleidete Elsässerin auf einem riesigen Gorilla. Eigentlich sollte zu seinem 70. Geburtstag in Straßburg ein Ungerer-Museum eröffnet werden. Doch darauf wartet der Künstler noch immer.

Elsässischer Sprachenwirrwarr

Der ständige Wechsel der Nationalität führt bisweilen zu bizarren Auswüchsen

Viermal haben die Elsässer zwischen 1871 und 1945 die Nationalität gewechselt, und dabei wurden ihnen wahrhaft patriotische Drahtseilakte abverlangt. Am stärksten machte sich dies an der Sprache bemerkbar, wie die Anekdote über einen Elsässer verdeutlicht, der 1866 mit dem Familiennamen Lagarde geboren wurde. Notgedrungen deutschten seine Eltern den Namen nach der französischen Niederlage 1871 ein; fortan hörte der Kleine in der Schule auf den Namen »Wache«. 1918 beschloss Herr Wache, sich wieder umzutaufen, französisch ausgesprochen wurde aus seinem Namen Vache. Als die Nationalsozialisten 1940 das Elsass besetzten, wurde Vache zurückübersetzt, fortan hieß die Familie Kuh. Nach der Befreiung durch die Alliierten ergab die Französisierung des Namens die nicht sehr feine Bezeichnung für das Hinterteil. Da erinnerten sich die Nachfahren von Monsieur Lagarde doch lieber an den Anfang der ganzen Geschichte und nahmen den alten französischen Namen wieder an.

16 07

Restaurant
Bürehiesel

Gourmettempel und simple Weinstuben

Das Elsass hat für jeden Gaumen und jede Kehle etwas zu bieten

Ein Reisender wird gefragt, wo er lieber essen gehe, in Deutschland oder in Frankreich. Nach kurzem Nachdenken antwortet er:»In Deutschland gibt es viel, aber es ist nicht sehr gut, in Frankreich schmeckt es vorzüglich, aber die Portionen sind klein. Im Elsass hingegen, dort schmeckt es gut, und die Gerichte sind reichlich bemessen.« Nun mag mit dem elsässischen Barden Roger Siffer bei dieser Geschichte der Heimatstolz durchgegangen sein, eines stimmt: Ob Gourmet, Gelegenheitsfeinschmecker, Schlemmerfreund oder einfach hungriger Wanderer, die Gastronomielandschaft des Elsass hat für jeden etwas zu bieten. Da gibt es ebenso die sorgfältig zubereiteten, herzhaften regionalen Speisen wie die neuesten Kreationen der Nouvelle Cuisine. Je höher Sie dabei im Gourmetniveau steigen, desto weniger wird sich der regionale Einfluss bemerkbar machen.

Elsässische Gerichte zu meist günstigen Preisen gibt es in der Winstub. Nicht nur Straßburg hat hiervon eine stattliche Anzahl auf-

Straßburger Understatement:
Im Restaurant »Bauernhäusel«
treffen sich heute die Gourmets

zuweisen – ihre Entstehung geht auf das Ende des 19. Jhs. zurück. Zum Essen wird im Elsass wie im übrigen Frankreich Brot serviert. Die Speisen kann man durchaus mit einem Stück Baguette auf die Gabel schieben, niemand wird pikiert schauen. Unüblich ist es hingegen, getrennt zu zahlen. Schon mancher Ober wurde durch diese teutonische Sitte zur Verzweiflung getrieben. Gehen Franzosen miteinander essen, können Sie manchmal nach dem Speisen rauchende Köpfe beobachten, da es gilt, 71 Euro durch drei zu teilen sowie das passende Kleingeld für den eigenen Anteil aufzutreiben. Die Bedienung ist zwar in den Preisen enthalten, üblich sind aber fünf bis zehn Prozent Trinkgeld.

Das Mittagessen wird zwischen 12 und 14 Uhr serviert. Viele Elsässer fahren in der langen französischen Mittagspause nicht nach Hause, sondern essen im Restaurant. Diese sind mittags entsprechend voll – Betriebe ohne Kantine geben Restaurantgutscheine an ihre Mitarbeiter aus. Das Abendessen, auch dies, wenn man will, ein mehrgängiges warmes Menü, wird zwischen 19 und 22 Uhr serviert. Auf dem Land und in kleineren

Elsässische Spezialitäten

Lassen Sie sich diese Köstlichkeiten gut schmecken!

baeckeoffe – Ein Eintopfgericht, das im Restaurant meist vorbestellt werden muss. Rind-, Schweine- und Lammfleisch wird in Weißwein zwischen Schichten aus Kartoffeln und Zwiebeln gut drei Stunden lang im Ofen geschmort.

choucroute – Sauerkraut – das elsässische Nationalgericht, klassisch mit Schweinefleisch und Würstchen. Einige Restaurants bieten eine bekömmlichere, sehr delikate Variante an: Fisch – etwa Zander oder Lachs – auf Sauerkraut.

coq au riesling – Hähnchen in Riesling geschmort. Wird meist mit Spätzle serviert.

foie gras – Stopfleber von der Ente oder Gans. Dass die Prozedur für das Federvieh eine Quälerei ist, stört in Frankreich kaum jemanden.

krumbeerekiechle – Kartoffel-puffer, die im Elsass meistens mit grünem Salat aufgetischt werden.

kugelhopf – Der klassische Hefe-topfkuchen fehlt auf keinem Buffet. Es gibt eine süße Variante (mit Mandeln und Rosinen) und eine salzige (mit Speckwürfeln).

lentilles – Linsen mit Schweine-fleisch – auch ein Klassiker der deftigen Elsässer Küche.

munster – Kräftiger Weichkäse aus dem Münstertal in den Vogesen.

pissenlit – Salat aus zarten Löwenzahnblättern, meist mit gerösteten Brotwürfeln (*croûtons*).

presskopf – Ähnelt der deutschen Sülze.

rossbiff – Geschmortes Pferde-fleisch. Manche Restaurants bieten als besondere Delikatesse auch Fohlensteaks an.

schiffala – Geräucherte Schweine-schulter. Dazu werden meist scharfer Senf und Meerrettich serviert.

tarte – flacher Obstkuchen aus dünnem Blätter- oder Mürbeteig, belegt mit Äpfeln, Zwetschgen, Rhabarber oder Mirabellen.

tarte flambée – Flammekueche, eine Art elsässische Pizza. Hauch-dünner Teig, belegt mit Crème fraîche oder Sahnequark, kleinen Speckwürfeln und Zwiebeln.

tarte aux oignons – Zwiebel-kuchen, schmeckt besonders mit Elsässer Weißwein.

vacherin – Eine süße Kalorien-bombe aus Eis, Sahne und Baiser.

wadala – So heißen Schweins-haxen auf Elsässisch.

Städten allerdings wird es nach 21 Uhr schwierig sein, noch eine warme Mahlzeit zu erhalten. Sie können davon ausgehen, dass die Portionen mit ansteigendem Preis immer kleiner, feiner und besser werden.

Der kulinarische Ruf des Elsass ist in den letzten Jahren auch im übrigen Frankreich gestiegen. So wurde der Kellermeister der Illhaeuserner Auberge de l'Ill schon zum weltbesten Sommelier gewählt. Mit dem Buerehiesel in Straßburg und ebender Auberge de l'Ill gehören zwei Häuser im Elsass zu den nicht eben zahlreichen Gourmettempeln, denen der Guide Michelin drei Sterne zuerkennt. Und trotz Preisen von 129 Euro für ein Abendmenü erhalten Sie in der Dreisterneinstitution in Illhaeusern bei Monsieur Haeberlin nur gegen Vorbestellung lange im Voraus einen Tisch. Aber keine Angst, es gibt im Elsass noch zahlreiche andere Spitzenrestaurants.

Enttäuscht hingegen sind die meisten Deutschen vom Frühstück: Die Elsässer sind wie die übrigen Franzosen Frühstücksmuffel und geben sich mit einer Schale Kaffee, einem Stück Weißbrot mit Butter und Marmelade zufrieden oder frühstücken gar nicht. Auch das nachmittägliche Kaffeetrinken ist in Frankreich unbekannt. Kuchen gibt es normalerweise zum Dessert. Wer aber durchaus auf die heimische Gewohnheit nicht verzichten will, kann in einer *pâtisserie* oder einem *salon de thé* seinen Kaffee mit einem Stück Kuchen genießen.

Das Elsass ist ein Land des Weißweins. Einzig der Pinot noir (Spätburgunder), eine Rotweintraube, die hier meist als Rosé ausgebaut wird, fällt aus der Reihe. Der einfachste unter den Weißweinen ist der Edelzwicker, eine Mischung verschiedener Rebsorten. Sein Ruf ist durch Billigweine verschandelt worden, doch bei manchen Winzern findet man durchaus schmackhafte Edelzwicker, die gut zu einfacher Hausmannskost passen.

Frisch, spritzig und leicht ist der Sylvaner; der im Elsass manchmal Tokay genannte Pinot gris (Ruländer) ist dagegen ein gehaltvoller Wein mit fülligem Aroma. Der Pinot blanc oder Klevner, in Deutschland auch als Weißburgunder bezeichnet, gehört zwar nicht zu den Spitzenweinen, schmeckt aber angenehm frisch. Gewürztraminer und Muscat sind fruchtige und würzige Weine, die gerne als Aperitif getrunken werden. Auch zu *foie gras* wird oft ein Glas Gewürztraminer angeboten. Der trockene Riesling gehört zu den Klassikern der elsässischen Weine. Der Crémant d'Alsace schließlich ist ein ausgezeichneter Schaumwein, der im Champagnerverfahren hergestellt wird. Ein beliebter elsässischer Aperitif ist Amer: Bier mit einem Schuss Magenbitter.

Rustikal geht es in den gut 60 *fermes auberges* zu. Diese bewirtschafteten Bergbauernhöfe in den Hochvogesen bieten manchmal auch Zimmer an; sie befinden sich zum überwiegenden Teil im Südelsass. 70 Prozent der servierten Produkte, so ist es Vorschrift, müssen aus eigener Produktion stammen. Die Bergbauern tragen zum Erhalt und zur Pflege der Landschaft bei. Die Bewirtschaftung ermöglicht ihnen, unter den schwierigen Bedingungen zu überleben. Die rustikalen Wirtschaften haben großen Erfolg.

Töpferwaren, Wein und Delikatessen

Und die bunten, von den nordafrikanischen Einwanderern geprägten Wochenmärkte bieten einen Hauch Exotik

Ein billiges Reiseland war Frankreich nie, doch in den letzten Jahren ist es wesentlich erschwinglicher geworden, als gemeinhin angenommen wird. Trotz der hohen französischen Mehrwertsteuer gibt es einige Produkte, die deutlich billiger sind als in Deutschland: Das sind vor allem die Genussmittel Wein und Zigaretten. Und seit Franzosen und Deutsche mit dem Euro zahlen, lässt sich ein eventueller Preisvorteil auf einen Blick erkennen. Bei Antiquitäten, Delikatessen sowie Kosmetikartikeln kann man nicht unbedingt sparen, trifft aber auf ein hochkarätiges und sehr breites Angebot.

Einen regelrechten *Feinschmeckersupermarkt* finden Sie im Straßburger Einkaufszentrum *Centre Halles*, das zwischen dem Bahnhof und der Place Kléber liegt. Kaum ein Produkt, das man in den *Galeries Gourmandes* nicht findet.

Eine elsässische Spezialität ist die Gänseleberpastete. Günstiger als diese edle und teure Delikatesse ist die Entenleberpastete; sie schmeckt etwas rustikaler. Freunde asiatischer

Der Geist aus der Flasche:
Die elsässischen Obstbrände
sind in aller Munde

Artikel werden in den chinesischen oder vietnamesischen Lebensmittelgeschäften auf ihre Kosten kommen. Man findet sie vor allem in Straßburg und Mulhouse.

Für Deutsche lohnt sich der Einkauf von Wein, Champagner und elsässischen *eaux de vie:* klarer Himbeer-, Mirabellen-, Birnen- oder Kirschgeist. Außer dem großen Angebot in den *hypermarchés* bietet sich vor allem der Kauf direkt beim Winzer oder Brenner an.

Im Elsass gibt es mehrere malerische und sehr bunte Märkte, die stark durch die nordafrikanischen Einwanderer im Elsass geprägt sind. In Mulhouse herrscht auf dem *Marché du Canal Couvert* jeden Dienstag, Donnerstag und Samstag teilweise orientalische Basaratmosphäre. In Straßburg ist besonders der Markt am Boulevard de la Marne zu erwähnen, der am Samstag und Dienstag stattfindet. Fast jedes Wochenende gibt es in einem Dorf einen Flohmarkt. Die Termine können Sie der regionalen Presse entnehmen.

Töpferwaren, Schnitzereien, bedruckte Tücher und Trachtenpuppen, Leder- und Stickwaren bieten sich als Andenken an.

Feste, Events und mehr

Bei Blumenkorso, Ökomesse und Schneckenrennen geht es fröhlich zu

So gut wie jedes Wochenende können Sie vom Frühjahr bis in den Herbst Wein- und Folklorefeste besuchen. Die genauen Daten

Historisch: Pfifferdai

finden Sie in einem Veranstaltungskalender, den die Offices du Tourisme bereithalten. In den »Dernières Nouvelles d'Alsace« findet sich mittwochs ein Wochenprogramm, in »L'Alsace« am Freitag eine Wochenendvorschau. Im Internet: *www.dna.fr* oder *www.alsapresse.com*

Feiertage

1. Januar, Karfreitag, Ostermontag, 1. Mai, 8. Mai (*Waffenstillstand 1945*), **Christi Himmelfahrt, Pfingstmontag, 14. Juli** (*Nationalfeiertag*), **15. August** (*Mariä Himmelfahrt*), **1. November** (*Allerheiligen*), **11. November** (*Waffenstillstand 1918*), **25./26. Dezember**

Festivals und Veranstaltungen

Ende April

Obernai lädt in der letzten Aprilwoche zu einem *alternativen Zirkusfestival* ein. Seiltänzer und Jongleure, Clowns und Musiker, Tänzer und Akrobaten geben sich ein Stelldichein. Am 1. Mai verwandeln sich die Gassen des Ortes und der Platz vor dem Rathaus zum Abschluss der Zirkuswoche in eine einzige Arena, das Publikum mischt sich unter die Artisten und kann die Kunststücke aus nächster Nähe bewundern.

Insider Tipp

Anfang Mai

Ungewöhnliches *Schneckenfest* in Osenbach bei Colmar: Schnecken liefern sich atemberaubende Wettläufe über eine Distanz von 50 cm. Nebenbei kann man auch die eine oder andere Schnecke mit Knoblauchbutter und frischem Baguette verzehren.

Mai/Juni

🏃 *Ökomesse* in Rouffach: Fünf Tage lang trifft sich im Mai die elsässische Ökoszene in Rouffach. Mehrere Hundert Verkaufsstände bieten ab Himmelfahrt Bioprodukte wie Wein, Brot, Käse und Tees, aber auch Kunsthandwerk an.

21. Juni

🏃 *Fête de la musique:* In ganz Frankreich wird das Musikfest gefeiert. In allen größeren Städten gibt es abends Gratiskonzerte und Straßenmusik.

24. Juni

Sonnwendfeier: In der Nacht zum 24. Juni wird in vielen Orten ein riesiges Feuer angezündet. Manche Dörfer begehen das *Feu de St-Jean* allerdings auch einige Tage früher oder später.

Ende Juni

🏃 *Crémation des Trois Sapins* in Thann mit Feuerwerk und Konzerten. Höhepunkt ist die Verbrennung von kunstvoll gestalteten Tannen.

13./14. Juli

🏃 Riesiges *Feuerwerk* mit Volksfestcharakter in der Nacht zum 14. Juli zur Feier des französischen Nationalfeiertags. Am eindrucksvollsten in Straßburg.

Anfang bis Mitte August

Colmarer Weinfest: kulinarische Genüsse, Konzerte und Folklore

Mitte August

Die *Hochzeit von Freund Fritz* wird in Marlenheim mit zahlreichen Folkloregruppen gefeiert. Thematisiert wird die historische Gestalt aus einem Roman von Emil Erckmann und Alexandre Chatrian (1864).
Dem farbenprächtigen Blumenkorso 🏃 *Corso Fleuri* mit Folklorefest und Feuerwerk in Sélestat wohnen Zehntausende von Zuschauern bei.

September

In Ribeauvillé wird am ersten Sonntag der ★ *Pfifferdai* begangen, der Jahrestag der fahrenden Spielleute. Die Ursprünge des großen Volksfests gehen bis ins Mittelalter zurück. Zum Schluss fließt der Wein gratis aus dem Brunnen.
Wachsender Beliebtheit erfreut sich die *Gourmetmesse Degustha* in Hagenthal-le-Bas bei Basel.

Dezember

Ab Anfang Dezember gibt es im ganzen Elsass *Christkindlmärkte.* Der größte ist in Straßburg, ein besonders schöner in Kaysersberg.

Kulinarisch: Sauerkrautfest

Imposante Burgen auf steilen Felsen

In kleinen Dörfern herrscht Beschaulichkeit, alte Burgen und Ruinen locken als Ausflugsziele

Wer allzu viel Betriebsamkeit und Touristenrummel meiden will und vor allem Ruhe und Erholung sucht, für den ist das Nordelsass genau das Richtige. Zwischen Rhein und Vogesen zeigt sich das Elsass hier von seiner beschaulichen, verträumten Seite. Im Nordosten, entlang der Rheinebene, erstreckt sich eine flache Riedlandschaft mit malerischen Fachwerkdörfern, die nach Westen, zu den Vogesen hin, zunehmend hügeliger und grüner wird. Sportlichen Urlaubern bietet diese Region ideale Bedingungen zum Wandern, Reiten, Radfahren. Romantisch Veranlagte können eine der beeindruckendsten Burgenketten Europas bewundern: Von Wissembourg bis Sarreguemines in Lothringen folgt eine Burgruine auf die andere – einige sind im Wald versteckt, andere thronen weithin sichtbar auf Felsen.

Fachwerkhäuser mit Giebeln und Erkern: das verträumte Bouxwiller

halbem Weg zwischen Straßburg und Wissembourg an der Moder gelegene Haguenau hat in mehreren Kriegen – zuletzt 1944 – viel von seiner alten Bausubstanz verloren. Dennoch lohnt sich ein Bummel durch die belebte Fußgängerzone mit ihren Cafés und Geschäften. Im *Forêt de Haguenau* (Haguenauer Forst) nördlich der Stadt laden Wanderwege zu ausgedehnten Spaziergängen ein. Mit dem *Nautiland* besitzt Haguenau außerdem eines der schönsten Hallenbäder Ostfrankreichs.

HAGUENAU

[116 C4] Touristen verirren sich nur selten in diese mit 30 000 Ew. viertgrößte Stadt des Elsass. Das auf

Grandiose Aussicht: Felsen der Ruine Fleckenstein in den Nordvogesen

SEHENSWERTES

Église Saint-Georges
Die im 12. Jh. errichtete Kirche mit gotischer Fassade ist das Überbleibsel einer mittelalterlichen Abtei. Im

Elsässische Weinstubengemütlichkeit: S' Buerehiesel in Haguenau

achteckigen Turm schwingen die älzesten Glocken des Elsass, 1268 in Erz gegossen. *Rue Saint-Georges*

MUSEEN

Musée Alsacien
Im Heimatmuseum sind Trachten und Gebrauchsgegenstände aus dem 15.–18. Jh., eine typisch elsässische Inneneinrichtung mit Küche und Stube sowie eine alte Töpferwerkstatt zu sehen. *1, Place Thierry, Mo–Fr 9–12 und 13.30–17.30 Uhr; 2,30 Euro*

Musée Historique
Im Historischen Museum sind rund 750 Gegenstände aus der Eisen- und Bronzezeit ausgestellt, die in Gräbern im Haguenauer Forst gefunden wurden und von der frühen Besiedlung dieses Waldgebietes zeugen. *9, Rue du Maréchal Foch, Sa, So und Di 14–18, Mi–Fr und Mo 10–12 und 14–18 Uhr; 3,10 Euro*

ESSEN & TRINKEN

S' Buerehiesel
Winstub mit solider elsässischer Hausmannskost. Preiswerter Mittagstisch. *13, Rue Meyer, Tel. 03 88 93 30 90, So/Mo geschl., €€*

EINKAUFEN

Markthalle
In der hübschen, alten Markthalle bieten Bauern aus der Umgebung Di und Fr vormittags Regionalprodukte an. *115, Grand'Rue*

ÜBERNACHTEN

Europe
Komfortables Hotel mit Sauna, Schwimmbad und Fitnessraum an der südlichen Ortseinfahrt. *81 Zi., 15, Avenue du Professeur René Leriche, Tel. 03 88 93 58 11, Fax 03 88 06 05 43, europe.hotel1@ wanadoo.fr; €*

Office du Tourisme
67500 Haguenau, 1, Place de la Gare, Tel. 03 88 93 70 00, Fax 03 88 93 69 89, www.ville-haguenau.fr

ZIELE IN DER UMGEBUNG

Betschdorf und Soufflenheim   **[117 D–E 3–4]**
15 km östlich bzw. nordöstlich am Rande des Haguenauer Forstes mit seinen Tongruben liegen die beiden Dörfer, auf die sich heute die einst in zahlreichen Orten vertretene Keramikindustrie des Elsass konzentriert. Die blaue, salzglasierte Ware von Betschdorf ist nicht feuerfest, aber wasserdicht. In Betschdorf befindet sich ein kleines *Töpfermuseum (2, Rue de Kuhlendorf, Karfreitag–1. Nov. tgl. 10–12 und 13 bis 17 Uhr, sonst nach Voranmeldung unter Tel. 03 88 54 49 70, 3,50 Euro).*

In Soufflenheim wird feuerfestes, bleiglasiertes und mit hübschen Motiven verziertes Kochgeschirr hergestellt. Die Töpfer verkaufen vor allem an Großhändler und an Touristen und lassen diese auch einen Blick in die Werkstätten werfen. Gut essen kann man im Restaurant *Au Bœuf (48, Grand'Rue, Tel. 03 88 86 72 79, tgl., €–€€).*

SAVERNE

[115 E5] Schon der deutsche Dichter Goethe und sein französischer Kollege Victor Hugo haben die schöne Lage des Städtchens Saverne (11 500 Ew.) besungen. Das vom Rhein-Marne-Kanal durchquerte ehemalige Zabern liegt am Eingang des Zorntals am Rande der Vogesen und ist somit ein ideales Standquartier für Ausflüge in den Naturpark Nordvogesen.

Der Ort war wegen seiner günstigen Lage an der schmalsten und niedrigsten Stelle der Vogesen bereits zur Römerzeit eine wichtige Etappe auf dem Weg vom Rhein nach Lutetia (Paris). Seinen Namen verdankt er übrigens drei Tavernen *(tres tabernae),* in denen Reisende

---

MARCO POLO **Highlights** »Nordelsass«

★ **Burg Fleckenstein**
Eine der beeindruckendsten Burgen des Elsass auf einem riesigen Sandsteinblock (Seite 38)

★ **Haut Barr**
Die Burg bei Saverne bietet einen grandiosen Rundblick (Seite 33)

★ **Le Bruch**
Malerisch von der Lauter umspültes mittelalterliches Viertel von Wissembourg (Seite 35)

★ **Saint-Pierre et Saint-Paul**
In Neuwiller-lès-Saverne eine der interessantesten Kirchen des Elsass (Seite 34)

damals Halt machen konnten. Heute ist Saverne – verkehrsgünstig an der Autobahn und der Zugstrecke Straßburg–Paris gelegen – ein reger und lebendiger Ort, der es verstanden hat, Industrie (Werkzeugbau, Elektronik, Brauereien) anzusiedeln, ohne dabei seinen kleinstädtischen Charme zu verlieren.

Einen Eindruck von der Stadt verschaffen Sie sich bei einem Bummel über die Haupteinkaufsstraße Grand'Rue mit einer Reihe historischer Häusern hinunter zur Basse Ville, der Unterstadt. In diesem Viertel gibts noch einen Teil der alten Stadtmauer und einen der ehemals 52 Stadttürme am Ufer der Zorn. Schöne, alte Häuser finden Sie außerdem in der Rue des Églises, Rue des Pères und Rue des Frères.

SEHENSWERTES

Château des Rohan

Hauptattraktion von Saverne ist das Schloss, die ehemalige Residenz der durch die Reformation vertriebenen Straßburger Fürstbischöfe, wegen seiner klassizistischen Form auch »elsässisches Versailles« genannt. Das heutige Gebäude mit seiner imposanten, 140 m langen, säulenverzierten Fassade zum Park ließ der für seinen verschwenderischen Lebensstil bekannte Bischof Louis-René-Edouard Rohan nach dem Vorbild von Schloss Wilhelmshöhe bei Kassel neu aufbauen, nachdem die alte Bischofsresidenz 1779 in Flammen aufgegangen war.

Heute sind in dem majestätischen Gebäude aus rötlichem Vogesensandstein das *Musée Municipal* und die örtliche *Jugendherberge* für die Öffentlichkeit zugänglich. *Place du Général-de-Gaulle*

Église des Récollets

Die Kirche gehörte im 14. Jh. zu einem Augustinerkloster, das später von Franziskanern übernommen wurde. Ihre einfache Innenausstattung entspricht der Philosophie des

Das Schloss von Saverne leuchtet in rotem Vogesensandstein

Bettelordens. An der Nordfassade befindet sich einer der schönsten gotischen Kreuzgänge des Elsass. *Rue Poincaré*

Maison Katz
Das 1605 fertig gestellte ehemalige Domizil des bischöflichen Steuereinnehmers Henri Katz mit reich geschnitzten Fachwerkbalken und zweistöckigem Erker ist eines der schönsten Renaissancehäuser im Elsass. Heute beherbergt es ein beliebtes Restaurant *(Tel. 03 88 71 16 56, tgl., €€). 80, Grand'Rue*

Notre-Dame de la Nativité
Die katholische Pfarrkirche wurde vom 12. bis 15. Jh. errichtet. Romanisch sind noch das Portal und der quadratische Glockenturm, das Schiff und der Chor sind gotisch. Sehenswert im Inneren Fresken aus dem Jahr 1596, die Skulptur »Das Leiden Christi« des Augsburger Bildhauers Hans Daucher (1523) sowie die reich verzierte Kanzel (1495). An die Westfassade grenzt ein kleiner Garten. Dort finden sich noch einige Sarkophage aus der Merowingerzeit. *Rue du Tribunal*

Roseraie
Dem um 1900 angelegten Rosengarten mit rund 7500 Rosenstöcken von über 550 verschiedenen Arten verdankt Saverne den Beinamen die »Rosenstadt«. Jedes Jahr im Juni findet hier ein großes Rosenfest statt. *Rue de Paris, Juni bis Sept. tgl. 9–19 Uhr, 2,50 Euro*

Musée Municipal
Die bereits 1858 gegründete archäologische Sammlung der Stadt, eine der ältesten und bedeutendsten im Elsass, ist im Rohan-Schloss untergebracht. Zu sehen sind vor allem gallorömische Funde wie Grabsteine, Exponate aus der Vorgeschichte und der Merowingerzeit. Das Museum beherbergt auch eine kunstgeschichtliche Abteilung mit religiösen Darstellungen vom 15. bis 19. Jh. sowie Exponaten zur Stadtgeschichte und eine Sammlung mit Dokumenten über Louise Weiss, eine aus dem Elsass stammende Frauenrechtlerin, Widerstandskämpferin und Europaabgeordnete. *Château des Rohan, Place du Général-de-Gaulle, 16. Juni–15. Sept. Mi–Mo 10–12 und 14–18 Uhr, März–15. Juni und 16. Sept.–Nov. Mi–Mo 14 bis 17 Uhr, Dez.–Feb. So 14–17 Uhr, 2,45 Euro*

Marjane
Eines der besten marokkanischen Restaurants im Elsass. Exzellentes Couscous, leckere Grillplatten und Schmorgerichte. *122, Grand'Rue, Tel. 03 88 71 83 27, Sa mittags, So abends und Mo geschl., €€*

Zuem Staeffele
Gemütliche Winstub gegenüber dem Rohan-Schloss. Gute elsässische Küche, aber auch originelle Fischgerichte und köstliche Nachspeisen. *1, Rue Poincaré, Tel. 03 88 91 63 94, Do mittags, So abends und Mi geschl., €€*

Feinkostläden und Souvenirgeschäfte konzentrieren sich in der *Grand'Rue*. Köstliche Kuchen gibt es bei *Boistelle (Nr. 92)* und bei

Auch im städtischen Saverne finden Sie noch die geranienberankten Fassaden des Bilderbuchelsass

Ehrhardt *(Nr. 11).* Ein besonderes Mitbringsel finden Sie beim Konditor *Jacques Bockel (Nr. 77):* gewagte Erotikszenen aus dem Kamasutra, in feine Schokolade gegossen. Gute hausgemachte Pralinen bietet die Konditorei *Oberlin (Nr. 66–68)* an. Donnerstagvormittags ein bunter *Wochenmarkt* auf dem Schlossplatz *(Place du Général-de-Gaulle).*

ÜBERNACHTEN

Chez Jean
In einem ehemaligen Kloster sind jetzt 25 modern und funktional eingerichtete Hotelzimmer, ein gutes Restaurant und eine Winstub untergebracht. *3, Rue de la Gare, Tel. 03 88 91 10 19, Fax 03 88 91 27 45, www.chez-jean.com,* €€

Hotel de l'Europe
Zentral direkt am Bahnhof gelegenes, modernes Hotel mit gutem Komfort. *29 Zi., 7, Rue de la Gare, Tel. 03 88 71 12 07, Fax 03 88 71 11 43, www.hotel-europe-fr.com,* €€

Geiswiller
Etwas außerhalb des Zentrums liegt dieses schöne Hotel mit Restaurant und 36 geschmackvollen Zimmern. *17, Rue de la Côte, Tel. 03 88 91 18 51, Fax 03 88 71 15 36,* €€

AM ABEND

Sehr viel ist in Saverne abends nicht los. Im 🏃 *Petit Rohan (6, Place du Général-de-Gaulle)* kann man bis Mitternacht ein Gläschen trinken. An schönen Sommerabenden ist der 🏃 *Schlossplatz* ein beliebter Treffpunkt.

AUSKUNFT

Office du Tourisme
Château des Rohan, Place du Général-de-Gaulle, 67700 Saverne, Tel. 03 88 91 80 47, Fax 03 88 71 02 90, www.ot-saverne.fr

ZIELE IN DER UMGEBUNG

Bouxwiller   [115 F4]
Das 3700 Ew. zählende Städtchen liegt gut 15 km nordöstlich abseits der Touristenströme und ist entsprechend verträumt und ruhig. Im 15. Jh. war das ehemalige Buchsweiler Residenz der Grafen von Hanau-Lichtenberg. Vom einstigen herrschaftlichen Glanz ist heute aber nicht mehr viel zu sehen – das gräfliche Schloss wurde während der Französischen Revolution zer-

stört. Den Reiz des Städtchens machen seine kleinen Gässchen und die alten Fachwerkhäuser mit ihren schönen Giebeln, Erkern und den malerischen Innenhöfen aus. Im Rathaus, einem Renaissancebau aus dem 17. Jh., ist ein kleines *Heimatmuseum* untergebracht. Ein *jüdisches Museum* (62, Grand'Rue) in einer ehemaligen Synagoge berichtet über die jahrhundertealte Geschichte der Juden im Elsass.

Ein beliebter Spaziergang führt zum 3 km außerhalb der Stadt liegenden, 326 m hohen *Bastberg*, wo im Mittelalter die Hexen ihr Unwesen getrieben haben sollen.

Grauthal **[115 D4]**

Gut 15 km nordwestlich bietet das Dörfchen Grauthal eine Kuriosität: die einzigen *Höhlenhäuser* Ost-

frankreichs. Die in einen Sandsteinfelsen gegrabenen Höhlen dienten im Mittelalter als Lagerstätte. Ab dem 18. Jh. wurden sie von armen Leuten als einfache Behausungen genutzt. Eines der drei Häuschen war bis 1958 bewohnt – von einer Frau, die die Graufthaler »Felsekaettel« nannten. Ende der Achtzigerjahre wurden die Häuser auf Initiative eines örtlichen Freundeskreises restauriert. Für Besucher werden sie an Sonn- und Feiertagen geöffnet. Gut und preiswert essen kann man im 2 km entfernten Weiler *Oberhof* im gleichnamigen Gasthaus *(Tel. 03 88 70 17 23, Mo geschl., €)*.

Haut Barr **[115 E5]**

★ ⚜ Die imposante *Burgruine* im Süden der Stadt wurde vom 14. bis

Las Vegas in den Vogesen

In einem kleinen Vogesendorf steht ein renommiertes Revuetheater

Am Anfang waren ein Erbe und ein Traum. Als Pierre Meyer zu Beginn der Achtzigerjahre von seinem Großvater Adam Meyer in dem 460-Seelen-Dorf Kirrwiller (nahe Bouxwiller zwischen Saverne und Haguenau) ein Gasthaus mit Tanzsaal erbte, hatte er eine verrückte Idee. Statt der üblichen Volksmusikabende wollte er eine echte Revueshow inszenieren, wie er sie auf den Pariser Champs-Élysées gesehen hatte. Schon die erste Show war ein Riesenerfolg, und seither ging es rapide aufwärts. Heute steht neben dem früheren Gasthaus ein Revuetheater mit über 900 Plätzen. Meyer, der schon als Kind von den USA träumte, fährt mittlerweile regelmäßig nach Las Vegas und heuert dort Artisten von internationalem Renommee an. Und weil das Ganze im Elsass stattfindet, gibt es vor der Show ein üppiges Essen. Wer Las Vegas in den Vogesen erleben will, sollte reservieren – die »Adam Meyer Music-Hall« ist oft ausgebucht. *Tel. 03 88 70 71 81, Fax 03 88 71 31 95, www.royal-palace.com, Eintritt mit Menü 27 bis 70 Euro*

Burgruine Haut Barr: beliebtes Ausflugsziel mit schönem Restaurant

16. Jh. in 458 m Höhe auf drei Felsen errichtet, die durch Stege miteinander verbunden sind. Sie war Sommerresidenz der Straßburger Bischöfe, bis sie 1648 von den Franzosen geschleift wurde. Heute ist die im 18. Jh. notdürftig restaurierte Ruine ein beliebtes Ausflugsziel mit sehr gutem Restaurant *(Do abens und Mo geschl., Tel. 03 88 91 17 61, €€ – €€€)* und Café. Man kann schön im Freien sitzen und den weiten Blick über die Nordvogesen und die lothringische Seenplatte genießen.

Jardin Botanique   **[115 E5]**
Der Botanische Garten liegt 3,5 km außerhalb von Saverne, auf halbem Weg zur Zaberner Steige. Hier sind an die 2000 zum Teil seltene Pflanzen zu bewundern, darunter zahlreiche Orchideenarten. *Mai/Juni und 1.–15. Sept. Mi–Mo 14–18, Juli/Aug. tgl. 14–18 Uhr; 1,50 Euro*

Neuwiller-lès-Saverne   **[115 E4]**
In diesem Ort gut 10 km nördlich finden Sie eine der interessantesten

Kirchen des Unterelsass: Die vom 11. bis 13. Jh. erbaute ehemalige ★ *Abteikirche Saint-Pierre et Saint-Paul (5, Place de l'Église)* vereinigt eine Vielfalt von Baustilen in sich. Sehenswert ist vor allem eine um 1050 erbaute, aus zwei übereinander liegenden dreischiffigen Räumen bestehende Doppelkapelle. In der oberen Kapelle befinden sich vier prachtvolle Wandteppiche, die das Leben des Ortsheiligen Adelphus illustrieren. Für die Besichtigung der Wandteppiche im Pfarrhaus gegenüber nachfragen. Gut essen, vor allem Wildgerichte, kann man im Gasthaus *Au Chasseur (8, Rue du 22 Novembre, Tel. 03 88 70 33 19, Mo abends und Di geschl., €€).*

Saint-Jean-Saverne   **[115 E5]**
Auf einer Anhöhe knapp 5 km nördlich liegt Saint-Jean-Saverne mit seinen alten, blumengeschmückten Häusern und einem Friedhof mit schönen barocken Kreuzen. Von einer 1127 gegründeten *Abtei* ist eine besonders schöne romanische

Kirche erhalten, ein Bau aus dem 12. Jh. von seltener architektonischer Harmonie. Ein knapp zehnminütiger, kleiner Spaziergang führt zu einem Felsen mit kreisförmig ausgehobener Plattform, wo laut Legende die Hexen getanzt haben sollen, bevor sie zu ihrem Treffpunkt am Bastberg bei Bouxwiller flogen.

La Petite-Pierre [115 E4]

Das 20 km nördlich in 380 m Höhe in den Vogesen gelegene ehemalige Lützelstein ist ein ausgesprochener Fremdenverkehrsort mit mehreren komfortablen Hotels. Der alte Dorfkern und die *Burgruine Lützelstein* liegen malerisch auf einem Fels. Vor allem Wanderer und Erholungsbedürftige finden in dem 700-Seelen-Dorf, was ihr Herz begehrt: Ruhe, schöne Landschaft, gute Luft und viel Wald. La Petite-Pierre ist auch Verwaltungssitz des Naturparks Nordvogesen. Lohnend ist ein Spaziergang von La Petite-Pierre zu der 3,5 km entfernten, schön an einem *Insider Tipp* kleinen Teich gelegenen *Auberge d'Imsthal (Tel. 03 88 01 49 00, Fax 03 88 70 40 26, Di geschl., €€)*, wo man gut essen und gemütlich im Freien sitzen oder in einem der 23 komfortablen Zimmer übernachten kann.

Tour Chappe [115 E5]

Am Fuß des Felsens von Haut Barr an der Auffahrt zur Ruine ist der Turm des früheren Chappe-Telegrafen wieder aufgebaut worden. Er diente von 1806 bis 1814 als Telegrafenstation. Ein *Museum* informiert über die optische Telegrafie und ihren Erfinder Claude Chappe. *Juni–Mitte Sept. Di–So 12–18 Uhr, 1,50 Euro*

WISSEMBOURG

[117 D1–2] Wissembourg (7500 Ew.), die nördlichste Stadt des Elsass, liegt in einer anmutig-sanften Landschaft am Fuß der Vogesen direkt an der Grenze zur Pfalz. Bäuerinnen aus der Pfalz bieten ihre Erzeugnisse auf dem Wissembourger Wochenmarkt an, und sonntags bevölkern Pfälzer Gourmets die vielen Feinschmeckerlokale der Region. Immer mehr Deutsche lassen sich in Wissembourg und Umgebung nieder – angezogen von den niedrigeren Immobilienpreisen. Sprachprobleme gibt es kaum: Im Nordelsass spricht noch eine Mehrheit der Bevölkerung den südrheinfränkischen Dialekt, der für Deutsche besser zu verstehen ist als das Alemannische im südlichen Elsass.

Die Stadt hat trotz mehrfacher Zerstörung viel von ihrem mittelalterlichen Charakter bewahrt und gehört zu den attraktiven Zielen im Elsass, weil sie nicht nur auf Fremdenverkehr gesetzt hat und ihre Reize etwas zurückhaltender preisgibt, als dies in den Touristenhochburgen der Fall ist. Mehrere Arme der Lauter durchfließen Wissembourg, und um die Stadt zieht sich der noch weitgehend intakte Verteidigungswall aus dem 18. Jh., der von den Einwohnern vor allem als Spazierweg genutzt wird.

SEHENSWERTES

Le Bruch

★ Das malerische, von der Lauter umspülte Viertel ist schon im 15. Jh. entstanden. Schöne Bürgerhäuser aus dem 15.–17. Jh. säumen den Fluss an beiden Ufern. An der Westseite des Viertels befindet sich der *Husgenossen-Turm* aus dem Jahr 1420.

Église Saint-Jean

In dieser protestantischen Kirche erläuterte einst Martin Butzer (1491–1551) die Thesen der Reformation, und am 27. Juli 1725 wurde hier die Heirat Ludwigs XV. mit der im Wissembourger Exil lebenden polnischen Königstochter Maria Leszczyński verkündet. Der romanische Turm stammt aus dem 13. Jh. *Rue du Presbytère*

Église Saints Pierre et Paul

Auf den Resten der 1074 geweihten Abteikirche entstand im 13. Jh. aus rosa Vogesensandstein die nach dem Münster in Straßburg zweitgrößte gotische Kirche des Elsass. Sehenswert sind innen die prachtvollen Glasfenster aus dem 12. und 13. Jh., Fresken aus dem 15. Jh. sowie eine 11 m hohe Statue des heiligen Christophorus, des Schutzpatrons der Reisenden. Zur Kirche gehört einer der besonders berühmten Kreuzgänge am Oberrhein, der allerdings nur aus einem Flügel besteht, weil er nie fertig gebaut wurde. *Avenue de la Sous-Préfecture*

Le Holzapfel

Das Patrizierhaus mit seinem Eckürmchen war im 15. Jh. Stadtresidenz eines kaiserlichen Vogts, später wurde daraus ein Gasthaus mit Pferdepoststation. Zu den berühmten Gästen gehörte Napleon I., der hier 1806 abstieg. *Rue Nationale/ Rue des Cavaliers*

Hôpital Stanislas

In dem heute als Altersheim genutzten Gebäude aus dem Jahr 1700 fanden der polnische König Stanislaus und dessen Tochter Maria nach ihrer Vertreibung aus Polen eine Exilbleibe. Stanislaus lebte sechs Jahre zurückgezogen in Wissembourg, bis er 1725 überraschend um die Hand Marias für den Thronfolger Ludwig XV. gebeten wurde. *Rue Stanislas*

Maison de L'Ami Fritz

Dieses Renaissancehaus von 1550 mit wunderschönem Giebel im Bruchviertel diente als Dekor für den 1932 entstandenen Film über den Romanhelden »Ami Fritz« von Erckmann-Chatrian. Es liegt nördlich von der Kirche Saints Pierre et Paul an der Lauterbrücke.

Maison du Sel

Das 1430 erbaute Haus mit seinem imposanten dreistöckigen Dach am Pont du Sel war das erste Krankenhaus der Stadt. Später diente es als Salzspeicher und Schlachthaus. *Rue du Marché aux Poissons*

Quai Anselmann

Der an einem der Lauterarme gelegene Quai mit seinen Häusern aus dem 15. und 16. Jh. ist ein schönes Fotomotiv. Eines seiner herausragenden Gebäude ist die *Maison Vogelsberger* aus dem Jahr 1540, in der heute eine Schule untergebracht ist.

MUSEUM

Musée Westercamp

Das Wissembourger Heimatmuseum ist in zwei Fachwerkhäusern aus dem 16. Jh. untergebracht. Es zeigt gallorömische Funde aus der Region, alte Möbel, Waffen und Uniformen sowie Bilder und Doku-

Restaurant L'Ange: malerische Lage am Fluss und solide elsässische Küche

mente aus der Stadtgeschichte. *4, Rue du Musée, Feb.–Dez. Mo, Mi, Do 14–18, Fr/Sa 9–12 und 14–18, So 10–12 und 14–18 Uhr; 2,30 Euro*

ESSEN & TRINKEN

L'Ange
Das malerisch an der Lauter gelegene Gebäude aus dem 15. Jh. beherbergt heute ein Restaurant mit Stil und gepflegter Küche. *2, Rue de la République, Tel. 03 88 94 12 11, Di/Mi geschl., €€ – €€€*

Auberge du Cheval Blanc
15 km westlich finden Sie in *Lembach* diesen Feinschmeckertempel (*€€€*). Einfacher, aber dennoch erstklassig kann man in der dazugehörigen Winstub essen (*€€*). Freundliche Bedienung und edle Weine. Ein kleines Hotel bietet sechs Komfortsuiten und ein Zimmer. *4, Route de Wissembourg, Tel. 03 88 94 41 86, Fax 03 88 94 20 74, www.au-cheval-blanc.fr; Fr mittags, Mo und Di geschl.*

Hostellerie du Cygne
Stopfleber, Crêpes mit Schnecken und geräucherte Forellen sind die Spezialitäten des alteingesessenen Restaurants in der Stadtmitte. *3, Rue du Sel, Tel. 03 88 94 00 16, Do mittags, So abends und Mi geschl., €€ – €€€*

Le Gambrinus
Gemütliche Weinstube mit einfacher Hausmannskost. *17, Rue Nationale, Tel. 03 88 54 85 85, So abends und Mo geschl., €*

La Mirabelle
Ein beliebtes Café, wo man auch Kleinigkeiten essen kann. Ab und zu gibt es Livemusik, vor allem Blues und Jazz. *3, Rue du Général Leclerc, Mo geschl., €*

Au Petit Dominicain
In angenehmer Atmosphäre genießt man traditionelle elsässische Küche. *36, Rue Nationale, Tel. 03 88 94 90 87, Mo/Di geschl., € – €€*

EINKAUFEN

Ein Abstecher nach Wissembourg lohnt schon allein wegen der *Konditorei Rebert,* wo man die feinsten Schokoladentrüffeln und das beste Eis weit und breit bekommt *(7, Place du Marché aux Choux).* Sehr gute Kuchen werden in der *Konditorei Criqui-Matern (6, Rue de la Republique)* gebacken, die Sie auch gleich vor Ort bei einer Tasse Tee oder Kaffee genießen können.

ÜBERNACHTEN

Hotel d'Alsace
Modernes Hotel beim Bahnhof mit komfortablen, ruhigen Zimmern. Guter Service. *41 Zi., 16, Rue Vauban, Tel. 03 88 94 98 43, Fax 03 88 94 19 60,* €

Hostellerie du Cygne
In dem Haus in der Stadtmitte machten schon im 15. Jh. die Postkutscher Halt. Heimelige Atmosphäre, geschmackvolle Zimmer, gutes Restaurant. *16 Zi., 3, Rue du Sel, Tel. 03 88 94 00 16, Fax 03 88 54 38 28, hostellerie-cygne@wanadoo.fr,* €€

Au Moulin de la Walk
An eine alte Mühle angebaut wurde dieses Hotel in ruhiger Lage. Etwas nüchterne, aber komfortable Zimmer, freundlicher Empfang. *25 Zi., 2, Rue de la Walk, Tel. 03 88 94 06 44, Fax 03 88 54 38 03, www.moulin-walk.com,* € – €€

AM ABEND

Im Kulturzentrum *Relais Culturel (Rue des Écoles),* einer ehemaligen Dominikanerkirche, finden häufig Musik- und Theateraufführungen statt. Termine über das Office du Tourisme. Wer abends noch etwas trinken und dabei mit Einheimischen ins Gespräch kommen will, kann dies in der *Taverne de la Petite Venise* an der 🏃 *Place de la République* tun. Dieser Platz und die 🏃 *Place du Saumon* an der Lauter sind vor allem an lauen Sommerabenden beliebte Treffpunkte der Jugend.

AUSKUNFT

Office du Tourisme
9, Place de la République, 67160 Wissembourg, Tel. 03 88 94 10 11, Fax 03 88 94 18 82, www.ot-wissembourg.fr

ZIELE IN DER UMGEBUNG

Burg Fleckenstein   **[116 C1]**
★ 🌿 Die imposanteste der nordelsässischen Burgen (12. Jh.) liegt knapp 20 km westlich im Naturpark der Nordvogesen auf einem riesigen Felsen. Eine schöne Rundwanderung führt weiter zu den benachbarten *Ruinen Hohenburg* und *Loewenstein.*

Geisberg   **[117 D2]**
Auf diesem Hügel gleich im Süden der Stadt fand im August 1870 die blutige Eröffnungsschlacht des Deutsch-Französischen Krieges statt. Ein Denkmal mit dem gallischen Hahn erinnert mit gebührendem Pathos an das – vergebliche – Heldentum der französischen Krieger.

Hunspach   **[117 D2–3]**
Diese 600-Seelen-Gemeinde 10 km südlich gilt als eines der besonders sehenswerten Fachwerkdörfer des Nordelsass.

Ligne Maginot [116–117 C–D 2–3]
Die von den Franzosen nach dem Ersten Weltkrieg errichtete, gigantische Befestigungsanlage ist heute eine Touristenattraktion. Unweit von Wissembourg kann man bei *Schœnenbourg* und *Lembach* Befestigungswerke besichtigen. 30 m unter der Erde wurden hier regelrechte Wehrstädte mit kilometerlangen Gängen, Gefechtsständen, Funkanlagen, Schlafsälen, Mannschaftsküchen und einem Lazarett angelegt. *Four à chaux in Lembach März–Nov. Führungen tgl. um 10, 14 und 15 Uhr, im Sommer häufiger, 4 Euro. Fort de Schœnenbourg Mai–Sept. Führungen tgl. 14 und 16, So außerdem 9.30 und 11 Uhr, April und Okt. nur So, 5 Euro*

Merkwiller-Pechelbronn [117 D3]
In diesem unscheinbaren Dorf 20 km südwestlich floss bis in die Sechzigerjahre Erdöl. 1857 entstand die erste Raffinerie, 1936 deckte die Pechelbronner Produktion 17 Prozent des französischen Benzinbedarfs. Nach dem Zweiten Weltkrieg versiegten die Quellen, 1982 wurde die Produktion endgültig eingestellt. An das Pechelbronner Ölzeitalter erinnert ein kleines *Musée du Petrole (1, Rue des Écoles, April–Okt. Do und So 14.30–18 Uhr, 3 Euro)*.

Wenige Autominuten entfernt informiert in *Kutzenhausen* das kleine Freilichtmuseum *La Maison Rurale (April–Sept. Di, Do, Fr 10–12 und 14–18, Mi und So 14–18 Uhr; 3,80 Euro)* über das bäuerliche Leben im Elsass um die Jahrhundertwende.

Niederbronn-les-Bains [116 B3]
Schon die Römer waren von der Heilkraft ihrer Thermalquellen überzeugt – heute ist die Vogesengemeinde gut 30 km südwestlich der wichtigste Kurort des Elsass (rund 4000 Kurgäste pro Jahr) und besitzt das einzige elsässische *Spielkasino*. Gut essen und übernachten können Sie im *Hotel Cully (40 Zi., 35, Rue de la République, Tel. 03 88 09 01 42, Fax 03 88 09 05 80, www.hotel-cully.fr, €)*.

Heilquellen und Spielkasino: Niederbronn zeigt das andere Gesicht des Elsass

Elsässische Metropole und Europastadt

Zu Recht stolz auf ihre Vergangenheit, gibt sie sich zugleich betont modern

Karte in der hinteren Umschlagklappe

Petite France: Kahnpartie auf der Ill

»Carrefour de l'Europe« – Schnittpunkt Europas, so wird Straßburg **[119 F2]** in Werbeprospekten genannt. Ein Kreuzpunkt ist die Stadt in der Tat. Hier fühlt man sich beim Espresso im Boulevardcafé ganz wie in Frankreich und in der Weinstube oder im Gasthaus bei einem Schoppen Wein oder einem frisch gezapften Bier – fast – wie zu Hause. Deutsche und Franzosen, unter deren Herrschaft Straßburg abwechselnd stand, haben die Stadt geprägt. Bei einem Bummel durch den Stadtkern, der ringsum von der Ill eingegrenzt wird, können Sie die wechselvolle Geschichte Straßburgs nachvollziehen. Mittelalterliche Fachwerkhäuser in engen, winkeligen Gassen, elegante französische Stadtpaläste an geometrisch angelegten, schnurgerade gezogenen Plätzen und pompöse Prachtbauten aus der wilhelminischen Zeit finden sich in enger Nachbarschaft.

Das prachtvolle Portal an der Westfassade des Münsters von Straßburg

Heute begegnen sich in Straßburg neben Tausenden von Touristen auch regelmäßig Politiker aus Europa, denn seit 1949 ist die Elsassmetropole Sitz des Europarats. Außerdem ist Straßburg Tagungsort des Europaparlaments der EU, das sich hier zu seinen monatlichen Plenarsitzungen trifft. Dann reisen an die 2000 Abgeordnete, Parlamentsangestellte und Dolmetscher an, belegen die Hotels und bevölkern die Restaurants. Nicht alle der 28 000 hier lebenden Ausländer (von denen die Türken mit 14 000 die größte Gruppe bilden) sind so wohl gelitten wie die Beamten des Europarats oder die Europaabgeordneten: Bei der Präsidentschaftswahl im April 2002 erhielt der Kandidat

Grün in der Großstadt: Bummel auf der Uferpromenade an der Ill

des ausländerfeindlichen, rechtsradikalen Front National, Jean-Marie Le Pen, im rund 400 000 Ew. zählenden Großraum Straßburg an die 20 Prozent der Stimmen. Immerhin zeigten sich vor allem junge Straßburger geschockt. Sie gingen zu Tausenden auf die Straße und protestierten gegen den Wahlerfolg des Rechtsradikalen.

Sein gutes Abschneiden verdankt Le Pen vor allem der wachsenden Angst vieler Franzosen um ihre Ruhe und Sicherheit – und Straßburg macht da keine Ausnahme. Die wohlhabende, bürgerlich geprägte Elsassmetropole sorgt nämlich immer wieder für Negativschlagzeilen. In einigen Problemvierteln am Rande der Stadt grassieren Arbeitslosigkeit und soziale Ausgrenzung. Immer häufiger entladen sich in diesen Plattenbaughettos, wie auch in den Vororten anderer französischer Großstädte, Spannungen und Frustrationen in gewaltsamen Ausschreitungen. Banden von Jugendlichen, darunter viele sozial besonders benachteiligte Kinder von Einwanderern aus Nordafrika und der Türkei, demolieren öffentliche Gebäude, Bushaltestellen oder setzen Autos in Brand.

Straßburg ist stolz auf seine Geschichte, gibt sich aber gleichzeitig resolut modern. So bemüht sich die Stadt um den Ausbau ihres Technologiezentrums, wo inmitten von Hightechunternehmen die International Space University künftige Weltraumspezialisten ausbildet. Mit ihren drei Universitäten, über 40 000 Studenten, mehr als 4000 Wissenschaftlern und über 200 Forschungslabors ist die Europastadt heute ein bedeutendes Zentrum für Forschung. Nicht von ungefähr haben sich einige hoch spezialisierte Gentechnikinstitute, Pharmaforschungslabors und der neue deutschfranzösische Pharmariese Aventis in Straßburg niedergelassen. Ein denkmalgeschütztes Gebäude im historischen Viertel Petite France beherbergt außerdem die berühmte Eliteverwaltungshochschule ENA, die jährlich rund 100 »Enarchen« zu Führungskräften ausbildet. Gleich gegenüber am anderen Illufer wurde 1998 das Straßburger Museum für moderne Kunst eröffnet. Außerdem ist die Europastadt Sitz des deutschfranzösischen Kulturkanals Arte.

SEHENSWERTES

Beim Office du Tourisme gibt es für 9,90 Euro den drei Tage gültigen »Strasbourg-Pass«, der den Besuch mehrerer Museen und des Münsters, eine Bootsfahrt und für einen Tag ein Leihrad einschließt.

Ancienne Douane [U C5]

In dem »Alten Kaufhüs« an der Rabenbrücke wurden im Mittelalter Waren gelagert. Das Gebäude wurde im Zweiten Weltkrieg bei einem Bombenangriff zerstört und 1956 originalgetreu wieder aufgebaut. Heute beherbergt es ein Restaurant mit Terrasse zur Ill sowie Galerieräume, in denen oft interessante Ausstellungen zu sehen sind. *6, Rue de la Douane*

Cathédrale Notre-Dame (Straßburger Münster) [U C4]

★ Zum Münster führen in Straßburg zwar alle Wege – am überwältigendsten ist der Eindruck aber, wenn Sie sich der Kathedrale durch die Rue Mercière (Krämergasse) nähern. Diese führt direkt auf die prachtvolle Westfassade mit der 16-blättrigen Rosette (Durchmesser 14,5 m) über dem mittleren Portal zu, der reich verzierten Schauseite des Münsters, das die Baukunst dreier Jahrhunderte (1176–1439) widerspiegelt, von der Frühromanik bis zur Spätgotik. Über der Rosette befindet sich in 66 m Höhe eine ★ Plattform, zu der 329 Stufen führen. Die Mühe lohnt sich, denn von da aus hat man einen herrlichen Blick über die Stadt und ihre Umgebung. Im Inneren sind vor allem der Engelspfeiler mit seiner Darstellung des Jüngsten Gerichts, die Kanzel und die 71 Glasfenster aus dem 12.–15. Jh. sehenswert. Interessant ist auch die 18 m hohe *astronomische Uhr,* die täglich um 12.30 Uhr in Betrieb bewundert werden kann *(Eintritt 0,80 Euro).* Ein außergewöhnliches Erlebnis

MARCO POLO Highlights »Straßburg«

★ **Cathédrale Notre-Dame**
Das berühmte Münster gehört zum Pflichtprogramm (Seite 43)

★ **Château des Rohan**
Die Museen im Schloss lohnen schon allein den Besuch in Straßburg (Seite 49)

★ **Europaparlament**
Ein lichtdurchfluteter, futuristischer Glaspalast (Seite 45)

★ **Petite France**
Brücken, Stege, Mühlen: das ehemalige Gerberviertel im Delta der Illkanäle (Seite 47)

bietet das Münster zum Frühlings-
anfang am 20. März – falls im richtigen Moment, vormittags, die Sonne scheint: Dann bildet die durch
eine ganz bestimmte Stelle an einem Fenster der Südfassade einfal-
lende Sonne einen grünen Strahl,
der unmittelbar über dem Haupt
Christi den Baldachin der Kanzel

aufleuchten lässt und damit den
Augenblick der Tag-und-Nacht-Glei-
che angibt. Das 1984 von einem
Straßburger Geometer entdeckte
Phänomen dauert 20 Minuten und
kann anschließend noch an fünf Ta-
gen gesehen werden. *Place de la
Cathédrale, Führung im Juli und
Aug., Turmbesteigung tgl. 8.30–19
Uhr, 3 Euro*

Château de Pourtalès [O]

Das im 18. Jh. erbaute Schlösschen
mit schönem Park liegt am Rand
des gutbürgerlichen Wohnviertels
Robertsau und wird von den Straß-
burgern als beliebtes Ziel für den
Sonntagsspaziergang gewählt.

Cour du Corbeau [U C5]

Hinter einem unscheinbaren Eingang verbirgt sich der Rabenhof –
ein malerischer, von mittelalterlichen Fachwerkhäusern mit offenen
Holzgalerien gesäumter Innenhof.
Der Komplex wurde in den Achtzi-
gerjahren von der Stadt gekauft;
seither steht er leer und verfällt zu-
sehends. Mehrere Pläne – Umbau
in ein Luxushotel, Aufnahme des
Musée Alsacien – verschwanden
mangels Finanzen wieder in der
Schublade. Vor dem Rabenhof liegt
der *Pont du Corbeau* (Rabenbrücke), von dem aus im Mittelalter
Verbrecher und Ehebrecherinnen in
Säcke eingenäht in die Ill geworfen
wurden. *1, Place du Corbeau*

Église Saint-Thomas [U B5]

Das zweitgrößte Gotteshaus Straßburgs ist eine der herausragenden
gotischen Kirchen im Elsass. Von
außen besticht sie durch ihren
strengen, mächtigen Gesamtein-
druck, im Inneren birgt sie ein Mus-

Schlacht um den Standort

Das »Bonn Europas« kämpft
um den Status als Europastadt

Auf Französisch in den elsässischen Medien *la bataille du siège*
genannt – eine Schlacht, die zum Glück unblutig verläuft.
Es geht um den Standort des Europaparlaments. Eine wachsende
Anzahl von Europaparlamentariern bemüht sich, die Sitzungen
nach Brüssel zu verlegen. Frankreich samt Straßburg wehrt sich
mit Händen und Füßen dagegen – schließlich zog das Parlament
erst 1999 in den extravaganten Neubau um. Die Straßburger
lassen sich ihr Image als Europastadt etwas kosten; dennoch
hat man oft den Eindruck, dass Wunsch und Wirklichkeit weit
auseinander klaffen: Eine europäische Metropole wird Straßburg
nie werden, dazu ist das Bonn Europas doch zu provinziell –
zum Glück, denn sicher würde es auch an Charme verlieren.

Ein halbes Jahrtausend alt ist die üppig verzierte Maison Kammerzell

terbeispiel der barocken Skulpturkunst in Frankreich: ein Denkmal für Moritz von Sachsen, der ab 1720 auf französischer Seite kämpfte, hergestellt von Jean-Baptiste Pigalle im Auftrag Ludwigs XV. An der von Andreas Silbermann 1740 fertig gestellten Orgel hat Albert Schweitzer oft gespielt, um Geld für seine Klinik zu sammeln. Auch Mozart gab hier 1778 ein Konzert. Noch heute finden in der seit 1549 protestantischen Kirche häufig Orgelabende statt. *Place Saint-Thomas, März–Dez. tgl. 10–12 und 14 bis 17, Jan./Feb. 14–17 Uhr*

Maison Kammerzell [U C4]

Mit seiner prachtvollen, mit zahlreichen symbolhaften Holzschnitzereien verzierten Fachwerkfassade ist es das wohl meistfotografierte Patrizierhaus Straßburgs. Heute beherbergt das 1467 erbaute und 1571 vom damaligen Besitzer, einem reichen Kaufmann, erweiterte Gebäude am Münsterplatz auf drei Stockwerken ein *Restaurant (Tel. 03 88 32 42 14, tgl., €€–€€€)*

mit sehr guter Küche. Empfehlenswert ist vor allem Zander oder Lachs auf Sauerkraut. *16, Place de la Cathédrale*

Palais de l'Europe [U F1]

Der 1977 fertig gestellte Europapalast mit quadratischem Grundriss und 38 m hohen, schräg emporstrebenden Wänden aus Aluminium und Glas an der Avenue de l'Europe ist Sitz des Europarats. Hier arbeiten die rund 1200 Beamten des 1949 gegründeten Staatenbundes, der sich vor allem dem Schutz der Menschenrechte und der kulturellen Zusammenarbeit widmet. Gleich dahinter befindet sich das 1994 fertig gestellte Gebäude des Europäischen Gerichtshofs für Menschenrechte, dessen über 250 Juristen die Einhaltung der Menschenrechtskonvention überwachen.

Am gegenüberliegenden Illufer wurde 1999 ein über 450 Mio. Euro teurer ★ Neubau für das Europaparlament eingeweiht. In dem futuristisch anmutenden Prachtbau mit seiner weithin funkelnden Glas-

Transparenz symbolisiert der Glaspalast, in dem das Europaparlament tagt

fassade kommen die Europaparlamentarier für ihre monatlichen Plenarsitzungen zusammen. Die meiste Zeit über steht der teure Glaspalast mit seinem lichtdurchfluteten Plenarsaal, Dutzenden von Sitzungssälen, 1200 Büros und einer imposanten, begrünten Innenallee allerdings leer. Immerhin wurde er bereits zu einer neuen Touristenattraktion. Wer das Europaparlament besichtigen will, kann sich unter *Tel. 03 88 17 20 07* anmelden, der Besucherdienst des Europarats ist unter *Tel. 03 90 21 49 40* zu erreichen.

Parc de l'Orangerie   [U F1–2]

Straßburgs schönster Park mit Kinderspielplätzen, einem kleinen Tiergehege, einer Storchenaufzuchtstation und einem See (Bootsverleih). Im Pavillon Josephine finden im Sommer häufig Konzerte statt. Ein Café mit Terrasse bietet sich für eine kleine Pause an. *Avenue de l'Europe*

Terrasse Panoramique du Barrage Vauban   [U A5]

Das Vauban-Wehr mit seinen 13 Schleusentürmen wurde vom Festungsbaumeister Ludwigs XIV., dem Marschall Vauban (1633 bis 1707), als Teil eines Befestigungsgürtels gebaut, der Straßburg uneinnehmbar machen sollte. Seit 1967 dient es als Panoramaterrasse, von der aus man über Petite France und das Münsterviertel blickt. *Place du Quartier Blanc, tgl. 9–19.30 Uhr, Eintritt frei*

SPAZIERGÄNGE & RUNDFAHRTEN

Münsterviertel   [U C3–4]

Ein Bummel rund ums Münster führt Sie in den ältesten Teil Straßburgs: Mittelalterliche Fachwerkbauten lassen die Betriebsamkeit ahnen, die damals rund ums Münster geherrscht hat. Die Namen der Gässchen, heute teilweise Fußgängerzonen, verweisen auf die Handwerker und Händler, die hier ihrem Gewerbe nachgegangen sind: Krämer, Schuster, Goldschmiede, Zimmerleute. An ein dunkles Kapitel der Stadtgeschichte erinnert die *Rue Brûlée:* Im Jahr 1349 wurden bei einem Pogrom über 2000 Juden auf dem Scheiterhaufen verbrannt.

Bis den Straßburger Juden durch die Französische Revolution die Bürgerrechte zurückgegeben wurden, mussten sie daraufhin jeden Abend durch die Rue des Juifs die Stadt verlassen. Daran erinnert noch heute die *Judenglocke,* die täglich um 22 Uhr vom Münster läutet.

Im 18. Jh. haben französische Architekten und Stadtplaner dem Münsterviertel ihren Stempel aufgedrückt. Beispiele dafür sind die geometrisch gezogene *Place Broglie* oder die Stadtpaläste in der *Rue Brûlée,* wo einst die Straßburger Elite ihr Domizil hatte. In einem dieser Renommierbauten *(Nr. 9)* ist heute das *Rathaus* untergebracht, in einem anderen *(Nr. 19)* der *Sitz des Präfekten.* Am Ende der Place Broglie liegt die *Oper,* und gleich danach führt eine Brücke über die Ill in die nach dem 1870er-Krieg von den Deutschen erbaute *wilhelminische Neustadt,* der Straßburg ein gewisses großstädtisches Gepräge verdankt. In dieser Zeit entstand beispielsweise die *Place de la République,* deren Kolossalbauten heute zum größten Teil Verwaltungsgebäude sind. Hier steht das beeindruckendste Denkmal der Stadt: Eine Mutter, die Straßburg symbolisiert, hält ihre beiden im Ersten Weltkrieg gefallenen Söhne in den Armen – einer starb für Frankreich, einer für Deutschland.

Im Umkreis der *Place de la République* lebt heute ein Großteil der jüdischen Gemeinde Straßburgs, die mit rund 15 000 Mitgliedern eine der größten in Frankreich ist. 1958 wurde hier die große Synagoge der Stadt errichtet – das alte israelitische Gebetshaus war 1940 nach der Annexion des Elsass durch die Nazis zerstört worden.

Petite France   [U A–B 4–5]

★ Ein Spaziergang, der zu jeder Straßburgvisite gehört, führt vom Münster über die Place Gutenberg zur Petite France, einem der ältesten Viertel der Stadt. Dieses Delta

Ein buntes Fachwerkidyll: Petite France im Delta der Illkanäle

der Illkanäle war früher das Viertel der Gerber, die in den Wasserläufen die Häute spülten. Heute zieht Petite France fast so viele Besucher an wie das Münster. Schlemmerlokale, Cafés, Weinstuben, Souvenir- und Antiquitätenläden reihen sich hier dicht aneinander. Aber trotz des Tourismusrummels hat das Viertel mit seinen verwinkelten Gassen und eng aneinander gedrängten Fachwerkbauten, mit seinen Brücken, Stegen und alten Mühlen einen ganz eigenen Charme bewahrt. An der *Place Benjamin Zix* stehen einige besonders gut erhaltene mittelalterliche Gerberhäuser mit ihren typischen, von zahlreichen Luken durchbrochenen Speicherdächern, unter denen die Häute getrocknet wurden. In der *Maison des Tanneurs* ist ein für seine Sauerkrautgerichte bekanntes Restaurant untergebracht. Der schöne Illblick hat aber seinen Preis, und der Service lässt manchmal zu wünschen übrig *(42, Rue du Bain-aux-Plantes, Tel. 03 88 32 79 70, So/Mo geschl., €€€)*. Am *Quai de la Bruche* reiht sich eine Gasthausterrasse an die andere, bei schönem Wetter lässt es sich hier gut unter einer Platane am Illufer sitzen.

Radfahren
Wer Straßburg per Fahrrad entdecken will, kann sich eines mieten, pro Tag 4,50, für einen halben Tag 3 Euro. *Vélocation,* **[U A4]***, 4, Rue du Maire Kuss,* und **[U C5]***, 10, Rue des Bouchers, im Sommer auch beim Münster, www.velo-strasbourg.com*

Rundfahrten
Sightseeingtouren mit dem Minibus durch die Altstadt und das Gerberviertel dauern 40 Minuten und werden von April bis Oktober angeboten *(Abfahrt beim Rohan-Schloss, Preis 4,50 Euro)*. Ebenfalls vom Rohan-Schloss aus können Sie die Stadt von ihren Wasserläufen aus entdecken. Die Tour mit dem Schiff dauert 75 Minuten und führt durch Petite France zum Europaviertel *(6,40 Euro)*.

MUSEEN

Öffnungszeiten für alle Museen, wenn nicht anders angegeben: *Mi–Mo 10–18 Uhr, Neujahr, Karfreitag, 1. Mai, 1. Nov., 11. Nov., Weihnachten und Silvester geschl., Eintritt zwischen 1,50 und 5 Euro, jeden 1. So des Monats frei*

Musée Alsacien   [U C5]
Liebevoll eingerichtetes Museum für volkstümliche Kunst und Brauchtum in drei malerischen Häusern aus dem 17. und 18. Jh. Es enthält Zeugnisse des bäuerlichen Lebens im Elsass des 18. und 19. Jhs. *23, Quai Saint-Nicolas*

Musée d'Art Moderne
et Contemporain   [U A4–5]
Am Rand des malerischen Viertels Petite France, gleich bei der Barrage Vauban, lädt das 1998 eröffnete Museum für moderne und zeitgenössische Kunst zu einem Rundgang durch fast 130 Jahre künstlerischen Schaffens ein – von der Gründerzeit bis zur Gegenwart. Der avantgardistische Bau des Pariser Stararchitekten Adrien Fainsilber beherbergt Werke weltbekannter Maler wie Pablo Picasso, Gustav Klimt, Claude Monet, Max Ernst, Sonia Delaunay, Max Liebermann, Paul Gauguin oder auch des Videokünstlers Nam June Paik. Breiten

Avantgardistisches Gebäude für zeitgenössische Kunst: Musée d'Art Moderne

Raum gibt er dem Dadaisten Jean Arp und dem Zeichner Gustave Doré, beide gebürtige Straßburger. Die Museumscafeteria bietet neben schmackhaften Gerichten einen herrlichen Blick auf das Viertel Petite France. Wer dort essen will, braucht keine Eintrittskarte. *1, Rue Jean Arp, Di, Mi und Fr–So 11–19, Do 12–22 Uhr*

Musées du Château des Rohan [U C4]

★ Im direkt an der Ill gelegenen ehemaligen Bischöflichen Palais aus dem 18. Jh. sind drei Museen untergebracht. Das *Musée Archéologique* gibt einen umfassenden Überblick über elsässische Funde von der Steinzeit bis zur Zeit der Merowinger.

Das *Musée des Arts Décoratifs* (Kunstgewerbemuseum) besitzt eine wertvolle Fayencesammlung, vor allem aus der Manufaktur der Familie Hannong, die Straßburg im 18. Jh. zu einem Zentrum für Fayenceherstellung gemacht hat. Außerdem zeigt das Museum Uhren, Musikinstrumente, Möbel und Kunstschmiedearbeiten aus dem 18. und 19. Jh.; zu besichtigen sind ferner die ehemaligen fürstbischöflichen Prunkräume, die einen Eindruck vom luxuriösen Lebensstil der vier Straßburger Kardinäle aus der Rohan-Familie vermitteln. Hier sind auch rund 350 Stücke der Spielzeugsammlung zu sehen, die Tomi Ungerer seiner Heimatstadt vermacht hat.

Das *Musée des Beaux-Arts* enthält viele wertvolle Gemälde flämischer, holländischer, deutscher, französischer und italienischer Meister aus dem 14.–19. Jh. Das berühmteste Werk ist die »Schöne Straßburgerin« (1703) von Nicolas de Largillière. *2, Place du Château*

Centre Tomi Ungerer [U B4]

Im Dokumentationszentrum Tomi Ungerer sind an die 7500 Zeichnungen, Plakate, Lithografien und

Skulpturen sowie alle Bücher des aus Straßburg stammenden Künstlers aufbewahrt. *4, Rue de la Haute Montée, Do 10–12 und 14–18 Uhr oder nach Vereinbarung, Tel. 03 88 32 31 54, Eintritt frei*

Musée Zoologique   [U E4]

Mit mehr als 1 Mio. ausgestopften Vögeln, Säugetieren und Insekten eine der bestbestückten Sammlungen in Frankreich. *29, Boulevard de la Victoire*

ESSEN & TRINKEN

L'Ami Schutz   [U A5]

Sehr gute Bierstube mitten in der Petite France. Solide Hausmannskost, erschwingliche Preise. Bei schönem Wetter kann man draußen essen. *1, Ponts Couverts, Tel. 03 88 32 76 98, tgl., €–€€*

Café Broglie   [U C4]

🏃 Elegantes Café mit Terrasse. Beliebter Treffpunkt für Berufstätige und Schüler, wo man mittags gut essen kann (*€€–€€€*). *1, Rue du Dôme*

Buerehiesel   [U F2]

Im Stadtpark Orangerie liegt dieses Feinschmeckerrestaurant, das vom Michelin mit den begehrten drei Sternen ausgezeichnet wird. *4, Parc de l'Orangerie, Tel. 03 88 45 56 65, Di/Mi geschl., €€€*

La Cambuse   [U B4]

Laut einem französischen Feinschmeckerführer das »beste Fischrestaurant östlich von Paris«. *1, Rue des Dentelles, Tel. 03 88 22 10 22, So/Mo geschl., €€€*

Le Clou   [U C4]

Weinstube mit urig-gemütlicher Atmosphäre. Deftige elsässische Hausmannskost. *3, Rue du Chaudron, Tel. 03 88 32 11 67, Mi mittags und So geschl., €€*

Au Crocodile   [U B–C4]

Den dritten Stern haben die strengen Tester des Michelin Chefkoch

Nouvelle Cuisine, elegantes Ambiente, exzellente Weine: Au Crocodile

Émile Jung zwar aberkannt, doch gehört das Restaurant immer noch zur Spitzenklasse – mit entsprechenden Preisen. Nouvelle Cuisine und exzellente Weine in elegantem Ambiente. *10, Rue de l'Outre, Tel. 03 88 32 13 02, So/Mo geschl.,* €€€

Le Marronnier [114 B3]

Insider Tipp

Etwa 15 Autominuten vom Zentrum bietet Le Marronnier im Dörfchen *Stutzheim* Hausmannskost und *tarte flambée* in bester Qualität. Das Restaurant ist gemütlich mit schönen alten Bauernmöbeln eingerichtet. Im Sommer sitzt man in einem Hof unter den namengebenden Kastaniebäumen im Schatten. *18, Route de Saverne, Mo–Sa mittags geschl., Tel. 03 88 69 84 30,* €–€€

Le Panier du Marché [U B4]

🏃 Leichte, kreative Küche mit viel frischem Gemüse – ein gemütliches Bistro mit 16 Tischen, das vor allem jüngere Gäste anzieht. *15, Rue Sainte-Barbe, Tel. 03 88 32 04 07, Sa/So geschl.,* €€

Le Plum'Art [U D5]

Insider Tipp

Das Lokal bietet eine kulinarische »Tour de Gaule« an – eine Reise durch Gallien also: jede Woche ein typisches Menü aus einer französischen Region. *9, Rue du Renard Prêchant, Tel. 03 88 25 76 60, tgl.,* €€–€€€

Le Pont des Vosges [U D3]

Eine typisch französische Brasserie im Gründerzeitstil mit einer Theke im großen Speisesaal. Schmackhafte Küche bis Mitternacht. *15, Quai Koch, Tel. 03 88 36 47 75, Sa mittags und So geschl.,* €€–€€€

Secrets de Cuisine [U B4]

Insider Tipp

Seit Dreisternekoch Antoine Westermann, Chef des Buerehiesel (siehe oben), mit seinem Sohn neben dem zentralen Kléber-Platz diesen nur von 9 bis 18 Uhr geöffneten Fast-Food-Imbiss für Gourmets eröffnet hat, reicht die Schlange zur Mittagszeit bis auf den Gehsteig. Man kann in dem kleinen, elegantschlicht eingerichteten Restaurant essen oder den Imbiss mitnehmen. Wer nicht warten will, sollte außerhalb der Mittagspause kommen. *39, Rue du 22 Novembre, Tel. 03 88 21 09 10, So/Mo und abends geschl.,* €€€

À la Tête de Lard [U B4]

Hier gibt es schmackhafte Hausmannskost in gemütlicher Atmosphäre. *3, Rue Hannong, Tel. 03 88 32 13 56, Sa mittags und So geschl.,* €

La Vieille Enseigne [U B5]

Elegant-gediegene Atmosphäre, guter Service und feine französische Küche. *9, Rue des Tonneliers, Tel. 03 88 32 58 50, Sa mittags und So geschl.,* €€–€€€

EINKAUFEN

130 Läden, Boutiquen und den Feinschmeckersupermarkt *Galéries Gourmandes* finden Sie im *Einkaufszentrum* an der *Place des Halles* **[U A–B3]**, *Mo–Fr 9–20 Uhr, Sa 9–19 Uhr.*

Antiquitäten

Im Viertel *Petite France* **[U A–B 4–5]**, rund ums *Münster* **[U C4]** und entlang der *Quais Finkwiller* **[U B5]**, *Saint-Nicolas* **[U C5]** und *des Bateliers* **[U C–D4]** befinden sich die meisten Antiquitätenläden.

Delikatessen

Kirn [**U B4**], *(19, Rue du 22 Novembre)* ist ein Tempel für Feinschmecker mit günstigem Restaurant im ersten Stock. Im *hypermarché Auchan* am Stadtrand [**0**], *(Autobahn Richtung Paris, Ausfahrt Centre Commercial)* finden Sie eine Riesenauswahl an französischen Spezialitäten. Korrekte Weine zu günstigen Preisen sind mit der Empfehlung »Notre Sélection« gekennzeichnet.

Insider Tipp

Design [U C4]

Objekte und Möbel junger Designer führt *Fou du Roi. 4, Rue Faisan*

Konditorei [U C4–5]

Thierry Multhaupt (18, Rue du Vieux-Marché aux Poissons) ist ein Künstler unter den Straßburger Konditoren. Er fabriziert feinste Pralinen, leckere Torten und ausgezeichnete Konfitüren.

Kunstdrucke

Lithografien mit den Zeichnungen des Karikaturisten Hansi finden Sie bei *L'Estampe, 31, Quai des Bateliers* [**U C5**], und bei *Ganglof, Pl. de la Cathedrale* [**U C4**].

Märkte

Bunter *Flohmarkt* ist *Mi und Sa von 9 bis 18 Uhr* an der *Pl. de la Grande Boucherie* [**U C5**]. *Gebrauchte Bücher* – auch antiquarische – gibt es *Di, Mi und Sa von 9 bis 18 Uhr* an der *Place und in der Rue Gutenberg* [**U C4**]. Bauernmarkt ist *Sa von 7 bis 13 Uhr* auf der *Pl. du Vieux-Marché aux Poissons* [**U C4–5**]. Heimische Produzenten bieten Bestes aus der Region wie Enten- und Gänsestopfleber und alle Arten von Fleischpasteten.

Insider Tipp

Mode

Elegante Boutiquen finden Sie im *Münsterviertel* [**U C4**], in der *Rue Sainte Madeleine* [**U C–D5**], der *Rue des Grandes Arcades* [**U B–C4**] und der *Rue de la Mésange* [**U C4**], junge Mode rund um die *Place Kléber* [**U B4**]. Designerlook zu erschwinglichen Preisen finden Sie in mehreren Straßburger Secondhandboutiquen. Besonders edel ist die Auswahl von *Troc-Mode* [**U B4**], *(46, Rue du Jeu des Enfants)*, etwas jünger und flippiger bei *Accessible* [**U B4**], *(17, Rue des Serruriers)*, *Celeste* [**U A4**], *(14, Petite Rue de la Course)* und *Fanfreluches* [**U C4**], *(4, Rue des Pucelles)*.

Wein [U C5]

Das Straßburger Krankenhaus besitzt einen der schönsten Weinkeller Europas: Unter Gewölben aus dem 14. Jh. lagern hier mehr als 30 000 Flaschen. *1, Place de l'Hôpital, Mo–Fr 8.30–12 und 13 bis 17.30 Uhr*

Insider Tipp

ÜBERNACHTEN

Beaucour-Baumann [U C5]

Gleich beim Münster in einem denkmalgeschützten Fachwerkkomplex. Moderne und ruhige Zimmer. *49 Zi., 5, Rue des Bouchers, Tel. 03 88 76 72 00, Fax 03 88 76 72 60, www.hotel-beaucour.com, €€€*

Cardinal de Rohan [U C4]

Traditionsreiches Haus mit behaglichen, eher kleinen Zimmern. Ideale Lage in der Fußgängerzone des Münsterviertels. *36 Zi., 17–19, Rue du Maroquin, Tel. 03 88 32 85 11, Fax 03 88 75 65 37, www.hotelrohan.com, €€€*

C.I.A.R.U.S. [U C3]

Internationales Jugendzentrum, auch Einzelzimmer, einige davon behindertengerecht. Kürzlich renoviert. *101 Zi., 7, Rue Finkmatt, Tel. 03 88 15 27 88, Fax 03 88 15 27 89,* €

Le Gutenberg [U B–C 4–5]

Nur wenige Minuten vom Münster. Das Gebäude aus dem Jahr 1745 hat viel Charme. Schöne Zimmer. *42 Zi., 31, Rue des Serruriers, Tel. 03 88 32 17 15, Fax 03 88 75 76 67,* €€

Régent Petite France [U B4–5]

Das schönste Hotel, das in Straßburg in den letzten Jahren eröffnet wurde. Es ist in einer unter Denkmalschutz stehenden ehemaligen Eisfabrik im Viertel Petite France zwischen zwei Illarmen untergebracht. Die avantgardistisch gestylten Zimmer, der erstklassige Empfang und die Aussicht über Petite France zum Münster haben allerdings ihren Preis. *72 Zi., 5, Rue des Moulins, Tel. 03 88 76 43 43, Fax 03 88 76 43 76, www.regent-hotels. com,* €€€

Hotel Suisse [U C4]

Nah beim Münster liegt dieses kleine, gemütlich eingerichtete Hotel. Dazu gehört eine Winstub, wo man preiswert essen kann – bei schönem Wetter auf der Terrasse. *25 Zi., 2–4, Rue de la Râpe, Tel. 03 88 35 22 11, Fax 03 88 25 74 23, www.hotel-suisse.com,* €€

AM ABEND

Veranstaltungstipps in »Dernières Nouvelles d'Alsace« und im »Hebdoscope«.

Café des Anges [U D4–5]

🏃 Szenekneipe mit Jazzmusik. *42, Rue de la Krutenau, So geschl.*

La Choucrouterie [U B5]

Kleines Regionaltheater des elsässischen Barden Roger Siffer in einer ehemaligen Sauerkrautfabrik. Hier treten vor allem elsässische Mundartkabarettisten auf. Nach der Vorstellung können Sie im dazugehörigen Restaurant Sauerkrautgerichte essen. *20, Rue Saint Louis, Tel. 03 88 36 07 28*

La Laiterie [O]

Kulturzentrum in einer ehemaligen Molkerei, unweit vom Bahnhof. Moderne Musik, Tanz und oft originelle Ausstellungen. *13, Rue Hohwald, Tel. 03 88 75 10 05*

Opéra-Café [U C3]

🏃 Das Ambiente ist plüschig-kitschig, der Barmann ein Künstler. Die Bar in der Straßburger Rheinoper ist ein beliebter Treffpunkt nicht nur für Opernfans. *Place Broglie, So abends geschl.*

La Salamandre [U D4]

🏃 Eine Mischung aus Musikkneipe, Kleinkunsttheater und Disko. Livegruppen bieten Pop, Rap, Salsa, Reggae. Junges Publikum. *3, Rue Paul Janet, Di–So ab 21 Uhr*

AUSKUNFT

Office du Tourisme [U C4]

17, Place de la Cathédrale, 67000 Strasbourg, Tel. 03 88 52 28 28, Fax 03 88 52 28 29, www.strasbourg.com; im Bahnhof, Tel. 03 88 32 51 49; am Grenzübergang Kehl–Straßburg (Europabrücke), Tel. 03 88 61 39 23

Mittelalterliche Städte und Kulturschätze

Das pittoreske Colmar und die Humanistenstadt Sélestat lohnen allein die Reise

Neben Straßburg zählt das Zentralelsass zu den touristischen Trümpfen der Region: Hier befindet sich in Sélestat die Wiege des Humanismus. Die kleine ehemalige Reichsstadt Kaysersberg, die sich ihren mittelalterlichen Charakter bewahrt hat, schlägt Besucherrekorde, und Colmar ist Inkarnation dessen, was man sich in Tokio, New York, Hamburg oder München als Inbegriff des typischen Elsass vorstellt. Angetan hat es die Region vor allem den Japanern. Sony und Ricoh haben ihre Fabriken auf traumhaften Standorten vor dem Hintergrund der Vogesen erstellt, und bei Colmar gibt es sogar ein japanisches Gymnasium. Geheimtipps dürfen Sie also in diesem Kapitel nicht erwarten. Aber was wäre ein Elsassbesuch ohne einen Bummel durch die traumhaft-romantische Altstadt Colmars? Und an dem Unterlindenmuseum mit Matthias Grünewalds Isenheimer Altar trauen sich, ohne zumindest einen Blick darauf zu werfen, nur Kulturbanausen vorbei,

Maison Pfister und Martinsmünster im denkmalgeschützten Colmar

oder aber Leute, die sich ganz fest vorgenommen haben, diesen Urlaub ohne jeglichen Bildungsballast zu verbringen. Einen Nachteil hat die Ansammlung von Touristikhighlights allerdings: Sie hat sich herumgesprochen, und man ist selten beim Bewundern allein.

COLMAR

[121 D3] Pittoreske Straßenzüge und alte Zunftviertel, Renaissance- und Fachwerkhäuser, die sich aneinander reihen: Man glaubt sich ins Mittelalter versetzt. Nicht umsonst erhielt Colmar für die gelungene Restaurierung seiner Altstadt eine europäische Medaille für Denkmalsschutz. In der Hauptferienzeit und an Feiertagen wälzen sich denn auch die Touristenmassen durch den schönen Altstadtkern, der in einem Umkreis von 500 m um das Martinsmünster seine Schätze ausbreitet. Verlaufen kann man sich nicht, zahlreiche Wegweiser leiten Ortsunkundige zu den kulturellen Highlights wie dem Isenheimer Altar von Matthias Grünewald im Unterlindenmuseum oder der berühmten »Maria im Rosenhag« von Martin Schongauer in der Dominikanerkirche. Colmar beschränkt sich indes nicht nur auf die Erhaltung und Verwahrung seiner Kulturschätze, es kann auch namhafte Industriebetriebe vorweisen, die in den Bereichen Textil, Nahrungsmittel und Mechanik tätig sind – es gilt zudem als Hauptstadt des elsässischen Weines. Außerdem befindet sich hier das Verwaltungszentrum des Oberelsass, sehr zum Leidwesen seiner größeren Rivalin Mulhouse.

Trotz mittlerweile 62 000 Ew. (Großraum 83 000) hat die Stadt den Charakter eines verschlafenen Dorfes beibehalten: Sind keine Touristen da, zieht Ruhe ein; dies macht sich insbesondere am Abend bemerkbar. Seine erste Blütezeit erlebte Colmar während der Staufer, 1226 wurde es von Stauferkaiser Friedrich II. zur freien Reichsstadt ernannt, erhielt das Münzrecht und später die eigene Gerichtsbarkeit. Vom wirtschaftlichen und kulturellen Aufschwung des späten Mittelalters und der Renaissance zeugt so manches reiche Bürgerhaus. Obwohl in der Nähe von Colmar am Ende des Zweiten Weltkrieges schwer gekämpft wurde, blieb der historische Kern so gut wie unversehrt und konnte glücklicherweise auch über den Fortschritts- und Betonenthusiasmus der Nachkriegszeit gerettet werden.

SEHENSWERTES

Église des Dominicains

Die frühgotische Kirche aus dem 14. Jh. war lange das geistige Zentrum Colmars. Ihre schlichte architektonische Gestaltung spiegelt den Armutsanspruch der Ordensgemeinschaft der Dominikaner wider. Im Altarschrein steht das berühmte Gemälde der ★ »Maria im Rosenhag« von Martin Schongauer. Bereits von seinen Zeitgenossen der Renaissance wurde das Werk als »deutsche Sixtina« gepriesen. Sehr schön sind auch die Buntglasfenster aus der Colmarer Schule über dem Portal. *Rue des Serruriers, Ostern bis Dez. tgl. 10–13 und 15–18, im Sommer teilweise 10–18 Uhr*

Koifhus

Größtes mittelalterliches Profangebäude Colmars aus dem Jahr 1480, ein behäbiger, alter Bau mit emailliertem Ziegeldach, der als Lager- und Verwaltungshaus diente. Im Erdgeschoss der »Ancienne Douane«, wie das Haus auch heißt, wurden im Mittelalter die Waren eingelagert. Im ersten Stock versammelten sich die Vertreter des elsässischen Städtebundes Dekapolis zu ihren großen Sitzungen, noch heute schmücken die Wappen der zehn Mitgliedsstädte die Fenster. Von Mai bis November befinden sich neben der Ancienne Douane mehrere Stände, an denen man Nippes, Antiquitäten und alte Postkarten erstehen kann. *Place de l'Ancienne Douane*

Maison Adolphe

Das älteste Wohnhaus Colmars wurde 1350 erbaut. Seinen Namen erhielt es vom Besitzer. *Place de la Cathédrale*

Maison Pfister

Mit seiner bemalten Fassade und dem vorgelagerten Holzbalkon gehört es zu den herausragenden Patrizierhäusern der Altstadt. Das Gebäude wurde 1537 von einem Hutmacher erbaut, allerdings nach einer Familie benannt, die im 19. Jh. darin wohnte. Heute befindet sich im Erdgeschoss eine Weinhandlung. *Rue des Marchands*

Maison des Têtes

Rund hundert steinerne Masken schmücken die Renaissancefassade des prächtigen »Kopfhauses« aus dem Jahr 1609. Ganz in der Nähe stößt man in der *Rue des Têtes* auf Ladenschilder, die den Patriotismus Colmars bezeugen – die Trikolore fehlt so gut wie nie. Beim Schlachter hütet ein Mädchen in elsässischer Tracht die Gänse mit einem blauweißroten Rand auf ihrem schwarzen Hut, und beim Bäcker sind die Brezeln mit einer Trikolore festgebunden. *19, Rue des Têtes*

Petite Venise/Krutenau

★ Liebevoll restauriertes Bilderbuchviertel am Fluss Lauch mit fast ländlicher Atmosphäre. Den schönsten Blick auf das malerische Kleinvenedig hat man von der Brücke Pont Saint-Pierre.

Quai Poissonnerie

Früher haben die Fischer ihre frisch gefangene Beute hier in Reusen in der Lauch aufbewahrt. In den malerischen Schifferhäusern gibt es noch heute das eine oder andere Fischgeschäft, das von der Modernität nicht überrollt wurde. Ein Blick in den Innenhof lohnt sich.

Quartier des Tanneurs

Gerberviertel, das wegen seines heruntergekommenen Zustandes in den Sechzigerjahren zunächst abgerissen werden sollte. Heute ist das Viertel Vorbild für gelungene Altstadtrestaurierung. *Östlich der Place de l'Ancienne Douane*

Saint-Martin

Colmarer Wahrzeichen mit buntem Ziegeldach, großartigem Südportal

MARCO POLO Highlights
»Zentralelsass«

★ **Petite Venise**
Idyllisches Colmarer Stadtviertel am Fluss (Seite 57)

★ **Bibliothèque Humaniste Sélestat**
Wertvolle Schriftstücke aus dem frühen Mittelalter (Seite 64)

★ **Isenheimer Altar in Colmar**
Großartiges Werk des Mittelalters mit immenser Ausdruckskraft (Seite 58)

★ **»Maria im Rosenhag« in Colmar**
Zeitgenossen Schongauers priesen dessen berühmtes Gemälde als »deutsche Sixtina« (Seite 56)

★ **Route des Crêtes**
Traumhaft schöne Vogesenhöhenkammstraße von rund 75 km Länge mit vielen Aussichtspunkten (Seite 62)

und großem Turm mit Renaissancehaube; der Rest des Martinsmünsters fiel wegen Geldmangel eher schlicht aus. Der Bau wurde zwischen 1237 und 1366 zum größten Teil aus nicht immer freiwilligen Spenden finanziert: So musste bei einer Erbschaft das wertvollste Teil für die Kirche abgegeben werden. Auf Grund der langen Bauzeit finden sich verschiedene Stile. In der Kirche sieht man schöne Glasmalereien, die zum Teil aus dem 14. Jh. stammen. *Place de la Cathédrale*

MUSEEN

Espace André Malraux
In einer alten Sauerkrautfabrik in der Nähe des Rathauses hat Colmar ein kleines Museum für moderne Kunst eingerichtet (wechselnde

Faszinierende Malerei: die Bilder des Isenheimer Altars aus dem 16. Jh.

Ausstellungen). *4, Rue Rapp, Di–Sa 14–19, So 14–18 Uhr, Eintritt frei*

Musée Bartholdi
Das Museum befindet sich im Geburtshaus des Bildhauers Frédéric Auguste Bartholdi (1834–1904). Das Erdgeschoss ist der Stadtgeschichte, der erste Stock dem Künstler gewidmet. Bartholdi, der vor allem auf Grund seines Patriotismus bekannt wurde und zahlreiche öffentliche Aufträge erhielt, hat sich mit zehn Brunnen und Standbildern im Colmarer Stadtbild verewigt. Sein bekanntestes Werk allerdings ist die New Yorker Freiheitsstatue. *30, Rue des Marchands, März–Dez. Mi–Mo 10–12 und 14–18 Uhr, 3 Euro*

Musée d'Unterlinden
1849 wurde das wohl wichtigste Museum des Elsass in dem ehemaligen Kloster der Colmarer Dominikanerinnen eingerichtet – im 14./ 15. Jh. ein bedeutendes Zentrum der oberrheinischen Mystik. Hier steht der berühmte ★ *Isenheimer Altar* von Matthias Grünewald. Geschaffen worden war er ursprünglich für das mächtige Antoniterkloster in Isenheim 20 km südlich von Colmar. Zur Zeit Goethes hielt man Dürer für den Schöpfer des einmaligen Werkes. Der Flügelaltar zeigt in geschlossenem Zustand in der Mitte die Kreuzigung Christi und auf den Seitenteilen die Heiligen Antonius und Sebastian. Nach der ersten Öffnung erscheint in der Mitte die Geburt Christi, links die Verkündigung Marias und rechts die Auferstehung Christi. Die innersten Flügelgemälde schließlich zeigen die Versuchung des Antonius und sein Gespräch mit dem Einsiedler Pau-

Im Caveau Saint-Pierre genießen Sie Rustikales direkt am Ufer der Lauch

lus. Berühmt wurde das Werk wegen seiner Farbgebung und der fast surrealistischen Darstellungskraft.

Im Unterlindenmuseum gibt es weiter eine Sammlung oberrheinischer Malerei zu sehen, um die 100 Reproduktionen von Kupferstichen Martin Schongauers sowie Werke des Impressionismus bis zur abstrakten Moderne. Im Klosterkeller befindet sich eine archäologische Sammlung aus gallorömischer und merowingischfränkischer Zeit. *Rue Unterlinden, April–Okt. tgl. 9–18, Nov.–März Mi–Mo 10–17 Uhr, 5,30 Euro*

ESSEN & TRINKEN

Aux Armes de France
Eine der besten elsässischen Gourmetadressen befindet sich knapp 10 km entfernt in *Ammerschwihr. Sehr gute Weinkarte. 1, Grand'Rue, Mi/Do geschl., Tel. 03 89 47 10 12, Restaurant €€€, Hotel (10 Zi.) €€*

L'Auberge
Einfache Brasserie im *Grand Hôtel Bristol*, gegenüber vom Bahnhof, mit günstigen und guten Regionalgerichten. *7, Place de la Gare, Tel. 03 89 23 59 59, tgl.,* €

Caveau Saint-Pierre
Rustikales, günstiges Restaurant direkt an der Lauch im Herzen der Petite Venise. *24, Rue de la Herse, Tel. 03 89 41 99 33, Fr mittags, So abends und Mo geschl.,* €

Le Chaudron
Charmantes Restaurant nahe der Petite Venise. *5, Place du Marché-aux-Fruits, Tel. 03 89 24 42 21, So geschl.,* €€

Au Cygne
🏃 Winstub mit jungem Publikum. Warme Küche bis spät in den Abend. *15, Rue Edouard Richard, Tel. 03 89 23 76 26, Sa mittags und So geschl.,* € – €€

Le Fer Rouge

Klassisch französisches Spitzenrestaurant in jahrhundertealtem Fachwerkhaus. *52, Grand'Rue, Tel. 03 89 41 37 24, So abends und Mo geschl.,* €€€

Rendez-vous de Chasse

Spitzenrestaurant, das sich einen Michelinstern erkämpft hat. *Im Hotel Bristol, 7, Place de la Gare, Tel. 03 89 41 10 10, tgl.,* €€€

EINKAUFEN

Mitten in der Altstadt befindet sich der Colmarer Spitzenbäcker *Léonard Helmstetter (11–13, Rue des Serruriers),* bei dem sich die großen Restaurants der Region mit Brot versorgen. Ein schöner Weinladen ist *La Sommelière* an der *Place de la Cathédrale.* Wer sich mit Wein gut auskennt, dem ist der Supermarkt *Cora,* am Stadtrand zu empfehlen, der oft günstige Angebote an Spitzenweinen hat. Hervorragenden Käse kauft man bei Jacky Quesnot in der *Fromagerie Saint-Nicolas (18, Rue Saint-Nicolas).* Naschkatzen begeistern sich für die Patisserie in der *Konditorei Jean (6, Place de l'École).* Fisch gibt es am *Quai de la Poissonnerie* bei *Morel (Nr. 13)* oder *Wertz (Nr. 20).*

Insider Tipp

Insider Tipp

Insider Tipp

ÜBERNACHTEN

Colbert

Ein modernes, kleines Hotel; schlichte Zimmer. *50 Zi., 2, Rue des Trois Épis, Tel. 03 89 41 31 05, Fax 03 89 23 66 75,* €

Colombier

Modernes Dreisternehotel mitten in der Petite Venise. Aufwändig restauriert in alten Fachwerkgebäuden. Ein Traum! *24 Zi., 7, Rue Turenne, Tel. 03 89 23 96 00, Fax 03 89 23 97 27, www.hotel-le-colombier.com,* €€€

Hagueneck

Sauberes und preisgünstiges Familienhotel an einer Ausfallstraße. In einer Viertelstunde ist man zu Fuß in der Stadt. *14 Zi., 83, Avenue du Général de Gaulle, Tel. 03 89 79 93 87, Fax 03 89 79 55 29,* €

Hotel Roi Soleil

Modernes Billighotel mit 24-Stunden-Zugang mit Kreditkarte. *94 Zi., Industriezone Colmar-Nord, Rue des Frères Lumière, Tel. 03 89 21 05 05, Fax 03 89 21 05 00, www.hotelroisoleil.com,* €

Le Turenne

Praktisches Hotel am Südrand der Innenstadt nahe dem Krutenauviertel. *83 Zi., 10, Route de Bâle, Tel. 03 89 21 58 58, Fax 03 89 41 27 64, www.turenne.com,* €

AM ABEND

Die Colmarer Jugend trifft sich im Café 🏃 *Aux Dominicains (1, Rue Reiset).* Ein weiterer Treffpunkt vor allem abends ist das *Rock Café (6, Rue des Trois Épis).* Die Bar *Blue Cat's Club (17, Rue du Rempart)* wurde in einem alten Kino aus den Vierzigerjahren eingerichtet. Die Wirtschaft *La Krutenau* liegt mitten im Viertel Kleinvenedig *(1, Rue de la Poissonnerie).* Kulturveranstaltungen, vor allem Theateraufführungen und moderne Operninszenierungen, gibt es in der *Manufacture,* einer ehemaligen Tabakfabrik

Insider Tipp

(6, Route Ingersheim, Okt.–Mai, Tel. 03 89 41 71 92, Kartenreservierung: 03 89 24 31 78).

AUSKUNFT

Office du Tourisme
4, Rue Unterlinden, 68000 Colmar, Tel. 03 89 20 68 92, Fax 03 89 20 69 14, www.ot-colmar.fr

ZIELE IN DER UMGEBUNG

Kaysersberg [121 D2]
Die ehemalige kleine Reichsstadt 11 km nordwestlich hat sich ihren mittelalterlichen Charakter bewahrt. Es gibt hier zahlreiche sehr schöne Häuser aus dem 15., 16. und 17. Jh., das älteste stammt von 1460 und steht in der Nähe der befestigten romanischen  Brücke über den Fluss Weiß. Die Brücke aus dem Jahr 1514 ist mit Brustwehr und Schießscharten bestückt und gilt als einzigartig im Elsass. Von hier hat man einen sehr schönen Blick wie auch nach kurzem Aufstieg von der  Ruine einer Kaiserburg, die im Dreißigjährigen Krieg zerstört wurde. In der *Pfarrkirche Sainte-Croix* steht ein geschnitzter Hochaltar des Colmarer Meisters Hans Bongart; schön ist auch ihr romanisches Westportal. Sehenswert ist außerdem das *Renaissancerathaus* aus dem Jahr 1604. Berühmte Söhne von Kaysersberg sind der Prediger Johannes Geiler, der Reformator Matthäus Zell und der Friedensnobelpreisträger Albert Schweitzer. Im Geburtshaus Schweitzers befindet sich heute ein ihm gewidmetes *Museum (Mai–Okt. tgl. 9–12 und 14–18 Uhr, 1,50 Euro).*

Gut übernachten kann man in dem modernen Hotel *Les Remparts (40 Zi., 4, Rue de la Flieh, Tel. 03 89 47 12 12, Fax 03 89 47 37 24, www.lesremparts.com, €€).* Das Kaysersberger Spitzenrestaurant, gleichzeitig auch Hotel, heißt *Le Chambard (20 Zi., 9–13, Rue du Général-de-Gaulle, Di mittags und Mo geschl., Tel. 03 89 47 10 17,*

Schießscharten und Brustwehr: Die Weißbrücke aus dem 16. Jh. in Kaysersberg ist ein Relikt aus kriegerischen Zeiten

Fax 03 89 47 35 03, www.chateaux hotels.com/chambard, €€€).

Münstertal   [120 C3]

Das 20 km lange Münstertal zählt zu den besonders schönen Tälern des Elsass. Wo sich heute der Ort *Munster* befindet, stand im 7. Jh. eine Abtei, die ihren Namen dem Münsterkäse gegeben hat. Sie gehörte mehr als 500 Jahre zu den bedeutenden geistigen und kulturellen Zentren Europas. Leider wurde der Großteil der Bausubstanz Munsters zerstört.

Ein modernes Mittelklassehotel in Munster mit zahlreichen Sportangeboten, in dem man auch gut isst, ist *Verte Vallée (107 Zi., 10, Rue Alfred Hartmann, tgl., Tel. 03 89 77 15 15, Fax 03 89 77 17 40, www.vertevallee.com, €€).* Gut und günstig ist die Winstub *La Schlitte (7, Rue de la République, Di abends und Mo geschl., Tel. 03 89 77 50 35, €).*

Neuf-Brisach   [121 F4]

Die gut erhaltene, kleine Festungsstadt 15 km südwestlich kurz vor der deutschen Grenze entstand von 1698 bis 1708 im Auftrag Ludwigs XIV. Vauban hatte sie als Bollwerk gegen das damals österreichische Breisach auf der anderen Seite des Rheins konzipiert. Die 5 m hohe und bis zu 4,50 m breite Mauer bildet ein Achteck und umschließt die streng geometrisch angelegten Straßenzüge. Um den Granit per Schiff aus den Vogesen zu holen, wurde ein Kanal gebaut. Von den vier Stadttoren sind die sehenswerte *Porte de Colmar* und die *Porte de Belfort* erhalten; in Letzterer befindet sich ein kleines *Museum,* in dem unter anderem ein schönes

Modell von Neu-Breisach zu sehen ist *(April–Okt. Mi–Mo 10–12 und 14–17 Uhr, 1,50 Euro).* Lohnend ist ein Spaziergang um die Festungsmauern.

Route des Crêtes [120 B–C 2–5]

★ ✦✦ Die 75 km lange Höhenkammstraße verläuft mit geringen Höhenunterschieden in der Nähe des Vogesenkamms. Gebaut wurde sie im Ersten Weltkrieg von der französischen Armee als Versorgungsstraße. Auf fast 1200 m Höhe fährt man von einem schönen Aussichtspunkt zum nächsten, zahlreiche einfache Berggasthöfe, die *fermes auberges,* laden zu einer Rast ein. Im Winter und frühen Frühjahr ist die Kammstraße oft gesperrt.

SÉLESTAT

[121 E1] Auf den ersten Blick wirkt das 45 km südlich von Straßburg zwischen Rhein und Vogesen gelegene Sélestat vielleicht nicht sehr einladend: Die Stadt hat nicht nur auf den Fremdenverkehr gesetzt, gut die Hälfte ihrer 15 000 Ew. lebt von der Industrie (vor allem Textil- und Metallverarbeitung), und so wird der Ort im Norden und Süden von Industrie- und Gewerbegebieten flankiert.

Doch davon sollten Sie sich nicht abschrecken lassen: Das Städtchen mit seinem noch weitgehend intakten historischen Stadtkern lohnt durchaus einen Besuch – zumal es eines der bedeutendsten Kulturgüter des Elsass besitzt, die Humanistische Bibliothek. Diese Büchersammlung von unschätzbarem Wert zeugt von der Blütezeit des ehemaligen Schlettstadt, das im

15. und 16. Jh. ein Zentrum des geistigen Lebens war. Aus der berühmten Schlettstadter Lateinschule, wo bis zu 1000 Schüler aus ganz Europa studierten, gingen unter anderem der Humanist Erasmus von Rotterdam und der Reformator Martin Butzer hervor.

SEHENSWERTES

Cour des Prélats
Der 1541 fertig gestellte Prälatenhof, einst die Stadtresidenz der Benediktinermönche aus dem nahe gelegenen Ebersmünster, gilt als der schönste Renaissancebau der Stadt. Beachtenswert der von Luken durchbrochene hohe Dachspeicher. Besonders malerisch ist die Rückseite an der Rue du Sel mit ihrer von einem kleinen Turm gekrönten Wendeltreppe. *Rue de l'Église/Rue du Sel*

Bunte Ziegel und prachtvolle Glasfenster: Église Saint-Georges

Église Sainte-Foy
Die in der zweiten Hälfte des 12. Jhs. aus rosa Sandstein und grauem Granit errichtete romanische St.-Fides-Kirche besticht durch ihre perfekte Harmonie. Zu verdanken hat sie ihren bemerkenswert geschlossenen Baustil dem Umstand, dass sie in nur 15 Jahren errichtet wurde – für die damalige Zeit ein Rekord. Beachtung verdienen das schöne Portal sowie im Inneren die mit vielen Skulpturen – Fabelwesen und floralem Bildwerk – verzierten Kapitelle. Die Krypta ist der Grabeskirche von Jerusalem nachempfunden. Von der ehemals reichen barocken Innenausstattung ist heute nur noch die Kanzel erhalten. Bei Renovierungsarbeiten wurden außerdem 1890 mehrere Stilfehler begangen – so erhielten die

Türme damals moderne Spitzen. *Place du Marché Vert*

Église Saint-Georges
Die vom 13. bis 15. Jh. erbaute gotische Georgskirche steht auf Fundamenten einer Kapelle aus der Karolingerzeit. Ihr Schmuckstück sind die 1430 bis 1460 entstandenen Glasfenster mit Motiven aus Heiligenlegenden. *Place Saint-Georges*

Maison Billex
Das 1615 von Hans Billex fertig gestellte Gebäude ist ein besonders schönes Beispiel für eine elsässische Privatresidenz der Renaissance. *Place du Marché-aux-Choux*

Maison Ziegler
Noch ein schönes Renaissancegebäude, 1545 fertig gestellt. Bemer-

kenswert ist das reich verzierte Balkongitter. *18, Rue Verdun*

Salle Sainte-Barbe
Das imposante, dreistöckige Gebäude mit schönem Stufengiebel wurde 1470 als Lagerhaus für den städtischen Zoll gebaut. Heute werden die großen Säle für Feste und Ausstellungen genutzt. *Place de la Victoire*

Tour de l'Horloge
Der Uhrturm war ursprünglich eines der vier Tore der Ende des 13. Jhs. gebauten Stadtmauer. *Rue des Chevaliers/Rue du Président Poincaré*

Tour des Sorcières
Der 1216 als Teil der Stadtmauer errichtete Hexenturm war einer der damals 38 Stadttürme von Sélestat. Seine Obergeschosse dienten als Gefängnis für angebliche Hexen,

die dort auf ihre Hinrichtung warteten. *Rue de la Grande Boucherie*

MUSEUM

Bibliothèque Humaniste
Die berühmte ★ Humanistische Bibliothek befindet sich in einer ehemaligen Kornhalle aus dem 19. Jh. In dem 36 m langen Lesesaal sind rund 3000 Schriftstücke von unschätzbarem Wert aus dem 7. bis 16. Jh. aufbewahrt: 450 Manuskripte, 530 Wiegendrucke (Inkunabeln), als der Buchdruck noch am Anfang stand, das heißt in der »Wiege« lag, und über 2000 Frühdrucke. Besonders schöne und wertvolle Stücke sind in Vitrinen zu bewundern – etwa ein Lesebuch aus dem Jahr 700 mit Auszügen aus der Heiligen Schrift, das Mirakelbuch der heiligen Fides (um 1100), eine Bibel aus dem 13. Jh. auf Pergament. *1, Rue de la Bibliothèque,*

Pilgerstätte für Bücherwürmer, hoffentlich nur im übertragenen Sinn: die Bibliothèque Humaniste mit ihrem riesigen Lesesaal in Sélestat

Mo und Mi–Fr 9–12 und 14 bis 18 Uhr, Sa 9–12 Uhr, Juli/Aug. auch Sa/So 14–17 Uhr, 3 Euro

ESSEN & TRINKEN

Auberge des Alliés
Serviert wird traditionelle elsässische Küche. Dazu gehört ein Hotel. *17 Zi., 39, Rue des Chevaliers, Tel. 03 88 92 09 34, Fax 03 88 92 12 88, So abends und Mo geschl.*, €–€€

Jean-Frédéric Edel
Gepflegtes Restaurant mit sehr guter Küche. *7, Rue des Serruriers, Tel. 03 88 92 86 55, Di abends, So abends und Mi geschl.*, €€€

La Vieille Tour
Mitten im Zentrum gelegen, solide, bodenständige Küche. *8, Rue Jauge, Tel. 03 88 92 15 02, So abends und Mo geschl.*, €€

EINKAUFEN

Für Schleckermäuler ist die *Konditorei Sontag* mit ihrer reichen Auswahl an Torten und hausgemachten Pralinen zu empfehlen *(1, Rue du 17 Novembre)*. Traditionelle elsässische Backwaren wie Gugelhupf oder Zwiebelkuchen kauft man gut bei *Fonné (19, Rue de la Grande Boucherie)*. 4,5 km außerhalb in *Châtenois (Route de Villé)* finden Sie in der *Distillerie Legoll* eine Riesenauswahl an besten elsässischen Obstschnäpsen.

ÜBERNACHTEN

Abbaye de la Pommeraie
Die beste Adresse am Ort. Stilvolle Zimmer, Feinschmeckerrestaurant, Weinstube. *13 Zi., 8, Avenue du Maréchal Foch, Tel. 03 88 92 07 84, Fax 03 88 92 08 71, Restaurant So abends und Mo geschl., Weinstube tgl., www.relaischateaux.com/pommeraie*, €€€

Hotel Vaillant
Modernes Hotel am Rand des alten Stadtkerns. *47 Zi., Place de la République, Tel. 03 88 92 09 46, Fax 03 88 82 95 01, www.hotel-vaillant.com*, €

AM ABEND

An milden Sommerabenden sind die Terrassencafés in der *Rue Poincaré* ein beliebter Treffpunkt.

AUSKUNFT

Office du Tourisme
10, Boulevard Général-Leclerc, 67600 Sélestat, Tel. 03 88 58 87 20, Fax 03 88 92 88 63, www.selestat-tourisme.com

ZIELE IN DER UMGEBUNG

Auberge de l'Ill   [121 E2]
Im 11 km südlich gelegenen *Illhaeusern* betreibt die Familie Haeberlin das berühmteste Feinschmeckerrestaurant des Elsass. Reservierung lange im Voraus ist unerlässlich. *Tel. 03 89 71 89 00, Fax 03 89 71 82 83, www.auberge-de-l-ill.com, Mo/Di geschl.*, €€€

Ebersmunster   [119 D5]
In Ebersmunster 10 km nördlich befindet sich die bedeutendste und schönste Barockkirche des Elsass. Mit ihrer Silbermann-Orgel aus dem Jahr 1732 ist die Kirche regelmäßig reizvoller Rahmen für klangvolle Orgelkonzerte.

Storchenzucht und Ritterburg

**Geraniengeschmückte Fachwerkdörfer
zeigen das Elsass von seiner Bilderbuchseite**

An der Weinstraße, die sich zwischen Marlenheim im Norden und Thann im Süden auf rund 120 km am Osthang der Vogesen entlangschlängelt, präsentiert sich das Elsass so, wie man es von Bildbänden, Prospekten und Postkarten her kennt: Ein Fachwerkidyll reiht sich ans andere, die blitzsauber herausgeputzten Dörfer wetteifern miteinander mit ihrem üppigen Geranienschmuck.

So viel Bilderbuchromantik zieht natürlich auch entsprechende Mengen von Touristen an, und so sind die Orte an der Weinstraße ganz auf den Fremdenverkehr eingestellt: Allenthalben fordern Tafeln mit der Aufschrift »dégustation« zur Weinprobe auf, in den Gasthäusern kann man zum Wein aus der Region deftige Hausmannskost probieren, Hotels und Gästezimmer laden zum Bleiben ein. Vor allem an Sonn- und Feiertagen ist die Weinstraße denn auch entsprechend überfüllt – erholsamer ist eine Fahrt entlang der romantischen Strecke allemal während der Woche. Unter den vielen Orten greifen wir einige besonders malerische heraus.

Riquewihr: ein autofreies Museumsstädtchen inmitten von Weinbergen

Storchenpark Hunawihr: Der Weißstorch ist das elsässische Symboltier

SEHENSWERTE ORTE

Andlau [118 C4]
Der kleine Ort am Fuß des Ungersbergs ist um ein ehemaliges Benediktinerkloster herum entstanden, von dem heute nur noch die im 11. Jh. erbaute romanische *Kirche* erhalten ist. Besonders sehenswert ist ein 30 m langer Skulpturenfries an der Westfassade. Im Inneren erinnert die romanische Skulptur eines Bären an die Legende, wonach eine Bärin der Gemahlin Kaiser Karls des Dicken, Richardis, die Stelle gezeigt haben soll, an der diese 880 das Kloster gründete.

Im Norden wird Andlau von zwei Ruinen – *Spesbourg* und *Andlau* – überragt, die man vom Ort aus in gut einer Stunde oder vom Parkplatz an der *Maison Forestière*

Imposant und weithin sichtbar thront die Haut-Kœnigsbourg auf einem 757 m hohen Felsen über einem Meer von Weinbergen

Insider Tipp

(Forsthaus) aus in zehn Minuten zu Fuß erreicht. Im Forsthaus kann man essen – wenn das Wetter es zulässt auch auf der Terrasse.

Barr [119 D4]

Die stattlichen Winzerhäuser mit ihren malerischen Innenhöfen lassen ahnen, dass Weinanbau hier besonders lohnt: Mit dem Kirchberg kann Barr eine der besten Lagen des Elsass vorweisen. Das ★ *Musée de la Folie Marco (Juli–Sept. Mi–Mo 10–12 und 14–18 Uhr; Juni und Okt. Sa/So 10–12 und 14–18 Uhr; 3 Euro)*, benannt nach dem früheren Besitzer, nahe dem Rathaus zeigt die großbürgerliche Wohnkultur des 18. Jhs.

Dambach-la-Ville [119 D5]

Das stark vom 16. und 17. Jh. geprägte Dambach-la-Ville hat sein historisches Stadtbild weitgehend erhalten können und wurde wiederholt für seinen besonders üppigen Blumenschmuck ausgezeichnet. Den Charme des am größten Weinberg des Elsass (4,7 km²) gelegenen Städtchens entdeckt man am besten bei einem Spaziergang um die noch gut erhaltene, von Gräben gesäumte Stadtmauer mit ihren drei Toren. Sehenswert sind auch das *Rathaus* aus dem Jahr 1547 und auf dem Marktplatz ein *Renaissancebrunnen* mit einem steinernen Bären, dem Symbol der Stadt.

Von Dambach-la-Ville führt ein viertelstündiger Spaziergang durch die Weinberge zu der mitten im Rebland gelegenen, sehenswerten ★ *Chapelle de Saint-Sébastien (Sebastianskapelle)*. Im Innern der Kirche befinden sich ein besonders schöner, reich geschnitzter Barockaltar sowie eine Marienstatue aus dem 15. Jh., die der Schule von Tilman Riemenschneider zugeschrieben wird.

2 km westlich der Stadt liegt auf einem 662 m hohen Felsen die ◁▷ *Burgruine Bernstein* aus dem 11. Jh. mit dem ältesten frei stehenden Wehrturm des Elsass. Der einstündige Aufstieg wird mit einem herrlichen Blick ins Rheintal und über die Weinstraße belohnt.

Haut-Kœnigsbourg [118 C6]

◁▷ Die 757 m hoch auf einem Felsen thronende, weithin sichtbare Hochkönigsburg ist wahrscheinlich das beliebteste Ausflugsziel im Elsass. Bereits im 12. Jh. hatten die Staufer hier eine Burg errichtet, die im Lauf der Jahrhunderte mehrmals durch Kriege und Brände zerstört wurde und schließlich verfiel. 1865 kaufte die Stadt Sélestat die Ruine und schenkte sie, da die Mittel zur Renovierung fehlten, dem deutschen Kaiser Wilhelm II. Dieser ließ die Ruine so wieder aufbauen, wie man sich in der damaligen Zeit eine mittelalterliche Ritterburg vorstellte – gegen den erklärten Willen von Archäologen und Historikern.

Das Ergebnis ist eines der umstrittensten Baudenkmäler des Elsass, von seinen Kritikern als neomittelalterlicher Kitsch oder »preußisches Disneyland« verspottet. Dennoch lohnt sich ein Abstecher, zumal die Innenausstattung – schöne Möbel und Kachelöfen – sehenswert ist. Außerdem bietet sich ein herrlicher Blick, bei klarem Wetter bis zu den Alpen. *Jan., Feb., Nov. tgl. 9.30–12 und 13–16.30, März, April, Okt. 9–12 und 13–17.30, Mai, Juni, Sept. 9–18, Juli/Aug. 9 bis 18.30 Uhr, 7 Euro, www.monum.fr*

Hunawihr [121 D2]

Nahe Riquewihr befindet sich das Zentrum zur Wiederansiedlung der Störche im Elsass. Die Stelzvögel werden hier etwa zwei Jahre lang in Volieren gehalten und erst freigelassen, wenn sie den Zuginstinkt verloren haben. Dank des Wiederansiedlungsprogramms leben im El-

MARCO POLO Highlights
»Weinstraße«

★ **Musée de la Folie Marco**
In Barr: großbürgerliche Wohnkultur im Elsass des 18. Jhs. (Seite 68)

★ **Chapelle de Saint-Sébastien**
Spaziergang durch die Weinberge zu der Kapelle mit sehenswertem Barockaltar bei Dambach (Seite 68)

★ **Turckheim**
Einer der malerischsten Orte an der Weinstraße (Seite 73)

★ **Zellenberg**
Ruhiges Winzerdörfchen, wo man gut ausspannen und sich vom Trubel der Weinstraße erholen kann (Seite 73)

sass jetzt wieder an die 100 Storchenpaare in Freiheit. Vor 20 Jahren war das elsässische Symboltier in der Region praktisch ausgestorben. Im *Storchenpark* gibt es noch viele andere Vogelarten. Außerdem wird nachmittags eine Show mit Pinguinen, Fischottern, Kormoranen und Seelöwen gezeigt, die besonders Kinder begeistert *(Parc des Cigognes, April, Mai, Sept.–11. Nov. Mo–Fr 10–12 und 14–17.30, Sa/So 10–17.30, Juni–Aug. tgl. 10 bis 17.30 Uhr, 6,90 Euro).*

Marlenheim [119 D2]

Ein Besuch lohnt sich vor allem am 15. August zum *Fest des Ami Fritz,* bei dem die Geschichte der im gleichnamigen Roman beschriebenen Hochzeit aufgeführt wird. Außerdem hat Marlenheim einen Feinschmeckertempel zu bieten, den Familienbetrieb *Le Cerf.* Zum Restaurant gehört ein Hotel mit zwölf stilvollen Zimmern und zwei Apartments *(630, Rue du Général de Gaulle, Tel. 03 88 87 73 73, Fax 03 88 87 68 08, www.lecerf.com, Di/Mi geschl., €€€).*

Molsheim [119 D2–3]

Sehenswert ist der schöne, dreieckige *Rathausplatz* mit einem *Renaissancebrunnen* und *La Metzig,* dem ehemaligen Sitz der reichen Fleischerinnung. Heute beherbergt der Prachtbau ein beliebtes Restaurant *(La Metzig, Tel. 03 88 38 26 24, Di abends und Mi geschl., €–€€).* In den winkeligen Gassen gibt es noch andere gut erhaltene Bauten aus der Renaissance, der Blütezeit des Städtchens (7000 Ew.), das Ende des 16. Jhs. ein Zentrum der Gegenreformation und Sitz der katholischen Fakultät war.

3 km von Molsheim entfernt steht bei *Avolsheim* auf einem Feld die angeblich älteste Kirche des Elsass, die 1049 geweihte romanische Basilika *Dompeter (St-Pierre).*

Niedermorschwihr [121 D3]

Das Postkartenidyll des malerischen Dorfes bildete vor einigen Jahren den Hintergrund für die japanische Fernsehserie »Der blaue Himmel des Elsass«. *Christine Ferber (18, Rue des Trois Épis)* wurde 1998 zur französischen »Marmeladenkönigin« gekürt. Ausgezeichnet sind auch ihre Kuchen und Torten. Zum Essen und Schlafen empfiehlt sich das Hotelrestaurant *L'Ange (20 Zi., 125, Rue des Trois Épis, Tel. 03 89 27 05 73, Fax 03 89 27 01 44, Restaurant Di abends und Mi geschl., €–€€).*

Obernai [119 D3]

Das Städtchen (9000 Ew.) mit seinem gut erhaltenen mittelalterlichen Stadtkern gehört zu den beliebtesten Orten der Weinstraße. Sehenswert sind das *Rathaus,* das Elemente der Gotik und der Renaissance in sich vereint, sowie die alten *Gerberhäuser* in der *Rue du Marché.* Volkstümlich geht es in der Weinstube *L'Agneau d'Or* zu, die herzhafte Regionalküche und jede Menge Atmosphäre bietet *(99, Rue du Général Gouraud, Tel. 03 88 95 28 22, Di abends und Mo geschl., €–€€).* Zu dem besonders charmanten Hotel *Cour d'Alsace (43 Zi., 3, Rue de Gail, Tel. 03 88 95 07 00, Fax 03 88 95 19 21, www.cour-alsace.com, Restaurant Fr abends, Sa abends und Do, Weinstube Do abends geschl.)* gehören ein gepflegtes Restaurant *(€€€)* und eine gemütliche Winstub *(€€).*

Odilienberg (Mont Sainte-Odile) [118 C4]

Der nach der elsässischen Schutzpatronin benannte »heilige Berg des Elsass« ist ein beliebtes Ausflugs- und Pilgerziel. Zu dem noch heute von Ordensschwestern betriebenen Kloster auf dem wenige Kilometer südwestlich von Obernai gelegenen Berg gehören ein *Lokal*, dessen großen Speisesaal am Wochenende zahlreiche Spaziergänger und Wanderer füllen, sowie ein *Hotel* mit 142 zumeist einfachen Zimmern *(Tel. 03 88 95 80 53, Fax 03 88 95 82 96, www.montsainte-odile.fr, €)*.

Rund um den Odilienberg führt die etwa 10 km lange so genannte Heidenmauer, über deren Ursprung und Zweck die Experten auch heute noch rätseln.

Riquewihr [121 D2]

Die »Perle der Weinstraße«, wie Riquewihr sich gerne nennt, kultiviert seit einem Jahrhundert nicht nur ihre Weinberge, sondern auch den Fremdenverkehr – mit Erfolg: Der Ort ist eine der Hauptattraktionen des Elsass, besonders an Sonn- und Feiertagen herrscht hier ein entsprechender Rummel. In der Hauptstraße finden sich gleich mehrere Prachtbauten der elsässischen Renaissance, darunter das höchste Fachwerkhaus der Region (Nr. 14). Doch der Glanz trügt: Hinter den schönen Fassaden bröckelt der Putz, und immer mehr Bewohner – derzeit sind es noch rund tausend – verlassen die Museumsstadt, die außerhalb der Saison fast menschenleer ist. Gerade dann kann man ihren Charme entdecken, am

Die vielen kleinen Sträßchen und Fahrwege, die sich durch die Weinberge ziehen, bieten Bewegungsdurstigen ideale Bedingungen zum Radfahren

besten beim Bummel auch durch die Nebenstraßen mit alten Portalen und Hinterhöfen. In der *Rue des Juifs,* dem früheren Judenghetto, kann man den *Diebesturm (Ostern–1. Nov. tgl. 10–12.30 und 13.30–18.15 Uhr, 2 Euro)* mit Folterkammer und Verliesen besichtigen. Im 25 m hohen Dolderturm aus dem Jahr 1291 ist ein kleines *Heimatmuseum* untergebracht *(Ostern–1. Nov. Sa/So, Juli/Aug. tgl. 10–12 und 13.30–18.15 Uhr, 2 Euro).* Durch den Dolder gelangt man zum Obertor von 1500.

In einem früheren Schloss, gleich am Haupteingang zur Altstadt, sind im *Músee de la Poste (Mi–Mo 10–12 und 14–17.30 Uhr, 5 Euro)* historische Postkutschen zu sehen. Nahebei zeigt die *Maison de Hansi (April–Aug. Di–So 10.30–18, Mo 14–18, Sept.–Dez. Di–So 10.30 bis 18, Jan. Sa/So 14–18, Feb./ März Di–So 14–18 Uhr, 2 Euro)*

Zeichnungen des elsässischen Karikaturisten. Das gesamte Stadtgebiet ist Fußgängerzone, vor der Innenstadt gibt es ausreichend Parkplätze.

Eine Feinschmeckeradresse ist *L'Auberge du Schœnenbourg (2, Rue de la Piscine, Tel. 03 89 47 92 28, Mo–Sa mittags geschl., €€€).* Auskunft: *Office du Tourisme, 68340 Riquewihr, 2, Rue de la 1ière Armée, Tel. 03 89 49 08 40, Fax 03 89 49 08 49, www.ribeauville-riquewihr.com*

Rosheim [119 D3]

Das schön in den Hügeln der Vogesenausläufer gelegene Rosheim (3500 Ew.), eine der ältesten elsässischen Städte, hat viel von seinem stillen Charme bewahrt. Hier steht das angeblich älteste Privathaus des Elsass, das um 1200 gebaute romanische *Heidenhaus.* Die im 12. Jh. errichtete *Kirche Saint-Pierre et Saint-Paul* ist eines der besonders

In Turckheim zieht abends ein Nachtwächter durchs angestrahlte Städtchen

schönen romanischen Gotteshäuser im Elsass. Eine *Synagoge* aus dem Jahr 1882 erinnert an die einst bedeutende jüdische Gemeinde der Stadt. Zur Reformationszeit lebte hier Josel von Rosheim, der gegenüber Kaisern, Bischöfen und Reformatoren (er korrespondierte auch mit Luther) als Anwalt der deutschsprachigen Juden für die Rechte seiner Glaubensbrüder kämpfte.

Saint-Hippolyte [118 C6]
Die Stadtmauer aus dem 14. und 15. Jh. schließt noch heute den größten Teil des historischen Kerns dieses besonders hübschen Winzerortes ein – auch wenn im Lauf der Jahre die beiden Stadttore und fünf der ehemals sechs Türme zerstört wurden. Nur der *Storchenturm* hat die Zeit überstanden. Um die Stadtmauer führt ein Spazierweg, im Inneren laufen drei Straßen mit blumengeschmückten Häusern aus der Renaissance und dem Barock zum zentralen Dorfplatz mit Rathaus und schönem Brunnen aus dem Jahr 1555. In der Umgebung lassen sich gut Spaziergänge und Wanderungen unternehmen. Das Hotelrestaurant *Aux Ducs de Lorraine (40 Zi., 16, Route du Vin, Tel. 03 89 73 00 09, Fax 03 89 73 05 46, Restaurant Di mittags, Fr mittags und Mo, im Winter auch So abends geschl., www.hotel-munsch.com, €€ – €€€)* bietet eine vorzügliche Küche, zum Beispiel Ente mit Sauerkirschen. Das Hotel bietet Dreisternekomfort und erfüllt auch gehobene Ansprüche.

Turckheim [121 D3]
★ Das am Eingang des Münstertals an der Fecht gelegene Städtchen Turckheim (3500 Ew.) ist ein besonders schöner Ort. Der weitgehend intakte alte Stadtkern hat den Grundriss eines Dreiecks, durch drei Stadttore gelangt man ins Zentrum. Viele stattliche Gebäude zeugen von der Blütezeit des Städtchens im 15. und 16. Jh., die Turckheim vor allem der ausgezeichneten Qualität seiner Weine zu verdanken hatte. Auch heute zählen die Turckheimer Weine zu den besten im Elsass. Ein *Weinlehrpfad* Inside Tipp führt in etwa zwei Stunden durch das umliegende Rebland *(Ausgangspunkt Place de la République)*. Als besondere Attraktion geht im Sommer um Punkt 22 Uhr ein Nachtwächter durch das dann dekorativ angestrahlte Städtchen und fordert die Bürger auf, sich zur Ruhe zu begeben. Gut essen und trinken kann man im Restaurant *Homme Sauvage (19, Grand'Rue, Tel. 03 89 27 56 15, Di abends und Mi, im Winter auch So abends geschl., € – €€)*.

Zellenberg [121 D2]
★ Nahe dem belebten Riquewihr, aber abseits vom Touristenrummel liegt das hübsche Weindorf mit einer schönen *Barockkirche* auf dem Dorfplatz. Im Ort finden Sie ein kleines, komfortables Hotelrestaurant, das *Caveau du Schlossberg (9 Zi., tgl., 59a, Rue de la Fontaine, Tel. 03 89 49 00 89, Fax 03 89 47 82 40, € –€€)*.

AUSKUNFT

Maison des Vins d'Alsace
Hier erhalten Sie ein Verzeichnis der Winzer, das auch Auskunft über die Weinlese gibt. *12, Avenue de la Foire aux Vins, 68000 Colmar, Tel. 03 89 20 16 20, Fax 03 89 20 16 30, www.vinsalsace.com*

Sanfte Hügel, Museumshighlights und Vogesengipfel

Trotz seiner Reize ist das südliche Elsass noch nicht allzu sehr überlaufen

Der südliche Teil des Elsass liegt etwas abseits von den großen Touristenströmen, dabei haben auch der Sundgau, der elsässische Jura oder die Südvogesen durchaus ihre Reize. Der Sundgau mit seinen sanften Hügeln und den vielen kleinen Straßen bietet sich zum Radfahren an. Mulhouse ist mit seinem reichen Angebot an technischen Museen Geheimtipp für Tage, an denen Petrus im ansonsten regenarmen Elsass die Schleusen öffnet.

In den Südvogesen laden zahlreiche Wanderwege ein, das Auto stehen zu lassen. Auf den Kämmen häufen sich die Aussichtspunkte auf die Rheinebene, den Schwarzwald und die Alpen.

Detail an Saint-Thiébaut: Für die Thanner ist ihr Münster das schönste

hauptsächlich vom Weinbau, gesellten sich danach die Maschinen- und Textilindustrie hinzu. Bei einem Bummel durch die Stadt stößt man in der *Rue de la République* auf mehrere mittelalterliche Häuser, darunter befindet sich mit der Nummer 73 das 1514 erbaute Rathaus, ehemals Wohnhaus eines reichen Tuchhändlers.

GUEBWILLER

[120 C5] Guebwiller (12 000 Ew.) liegt am Anfang des Florivals, des Blumentales. Die Weinreben wachsen hier bis an die Straße hinunter. Lebte das Städtchen bis zum 18. Jh.

Schönste elsässische Romanik: die Klosterkirche Murbach

SEHENSWERTES

Église des Dominicains

Insider Tipp

In der Region ist diese gotische Dominikanerkirche neben der in Colmar die bedeutendste des Elsass. Sie ist vor allem auf Grund ihrer außergewöhnlichen Akustik bekannt. Gottesdienste werden nicht mehr abgehalten, aber im Sommer finden hier in stimmungsvollem Rahmen Klassikkonzerte statt. Zudem entsteht zurzeit ein großes Zentrum für Musik und Fresken, ein schöner Jazzkeller ist bereits fertig gestellt.

Musée du Florival
Neben archäologischen und volkskundlichen Sammlungen der Region werden Werke des berühmten Keramikers Théodore Deck (1823–1891) gezeigt. Besonders schön anzusehen ist eine große, farbenprächtige Kachelwand, die beim Umbau einer ehemaligen Industriellenvilla entdeckt und im Museum installiert wurde. *1, Rue du 4 Février, Mo und Mi–Fr 14–18, Sa/So 10–12 und 14–18 Uhr, 2,30 Euro*

ESSEN & TRINKEN

Lac
Gutbürgerliche französische Küche mit freundlicher Bedienung. *244, Rue de la République, Tel. 03 89 76 63 10, Di mittags und Mo geschl., €–€€*

La Taverne du Vigneron
Regionale Küche in rustikaler Winstubatmosphäre im Herzen von Guebwiller. *7, Place Saint-Léger, Tel. 03 89 76 81 89, Mo geschl., €*

EINKAUFEN

Insider Tipp Christmann
Der Spitzenkonditor von Guebwiller ist weit über den Ort hinaus bekannt. *8, Place de l'Hôtel de Ville*

Domaine Schlumberger
Das größte private zusammenhängende Weinbaugebiet des Elsass. Der traditionsreiche Familienbetrieb hat sich auf Spitzenweine konzentriert und setzt auf Qualität statt Quantität. *100, Rue Théodore Deck*

ÜBERNACHTEN

Relais du Lac
Gutes Mittelklassehotel am Stadtrand. *75 Zi., 244, Rue de la République, Tel. 03 89 76 63 10, Fax 03 89 74 24 84, €*

AUSKUNFT

Office du Tourisme
73, Rue de la République, 68500 Guebwiller, Tel. 03 89 76 10 63, Fax 03 89 76 52 72

ZIELE IN DER UMGEBUNG

Bussang [120 A5]
Seit 1895 wird im Vogesendorf Bussang 50 km westlich von Guebwiller Theater gespielt. Damals hatte der Fabrikantensohn und Schriftsteller Maurice Potecher das erste freie Theater Frankreichs außerhalb von Paris ins Leben gerufen. Als Zuschauer, Schauspieler, Handwerker und Schneider nahm das ganze Dorf an dem Projekt Volkstheater teil. Noch heute kann man die Wand hinter der Bühne aufschieben. Wenn sich im Hintergrund der Bühne der Vogesenwald abzeichnet, wird auch dem letzten Zuschauer klar, dass er sich nicht in einem herkömmlichen Theater befindet.

Le Grand Ballon [120 C6]
★ ⚜ Höchster Vogesengipfel (1424 m) im Westen von Guebwil-

ler mit großartigem Blick. Vor allem im Herbst und Winter kann man bisweilen bis zu den Alpen sehen. Von der Straße läuft man zirka 20 Minuten auf den Gipfel. Wer auf den Höhen übernachten möchte, kann dies in dem vom Vogesenclub restaurierten, 75 Jahre alten *Chalet-Hôtel du Grand Ballon (25 Zi., Tel. 03 89 48 77 99, Fax 03 89 62 78 08, €)*. Neben Mehrbettzimmern für Wanderer gibt es auch neun Zimmer mit WC und Dusche.

Lautenbach [120 C5]

Sehenswert in dem 8 km nördlich gelegenen Ort ist die romanische Stiftskirche aus dem 11./12. Jh. mit einer sehr schönen dreibogigen Vorhalle. Das Portal ist mit merkwürdigen Skulpturen und Relieffiguren geschmückt – unter ihnen eine grinsende Hexe. Im Innern findet sich eine reiche gotische und barocke Einrichtung. Neben der Kirche kann man im *Bistro Aux deux Clefs (Sa geschl.)* alte Emaillereklameschilder bewundern. Der

Insider Tipp

Ort ist auch durch den Roman des Schriftstellers Jean Egen, »Unter den Linden von Lautenbach«, bekannt geworden. Egen schildert anschaulich den Konflikt der Elsässer zwischen ihrer teilweise germanischen Kultur und ihrem Hingezogensein zu Frankreich.

Einen Besuch lohnt das liebevoll gestaltete Museum *Vivarium du Moulin (6, Rue du Moulin, Di–So 14–18, Juli/Aug. tgl. 10–19 Uhr, 5 Euro)*, das im Ortsteil Lautenbachzell in einer Mühle untergebracht ist. Hier sind Spinnen, exotische Insekten und Ameisen zu sehen.

Insider Tipp

Le Markstein [120 B5]

Auf einer Höhe von 1176 m bietet sich einer der schönsten Panoramablicke der Vogesen. Spaß macht eine Fahrt auf der *Sommerschlittenbahn.*

Insider Tipp

Murbach [120 C5]

★ In einem sehr schönen bewaldeten Seitental der Lauch liegt 8 km

---

MARCO POLO Highlights
»Südelsass«

★ **Musée National de l'Automobile**
Über 100 Jahre Automobilgeschichte in Mulhouse (Seite 79)

★ **Écomusée Ungersheim**
Museumsdorf mit zahlreichen Aktivitäten (Seite 83)

★ **Ferrette**
Anheimelndes, schön gelegenes Städtchen am Eingang des elsässischen Jura (Seite 85)

★ **Murbach**
Traumhaftes Tal mit einem der schönsten romanischen Bauwerke des Elsass (Seite 77)

★ **Le Grand Ballon**
Panoramablick vom höchsten Punkt der Südvogesen (Seite 76)

nordwestlich von Guebwiller die Klosterkirche Murbach, eines der bedeutenden romanischen Bauwerke der Rheinebene. Das 728 gegründete Stift war jahrhundertelang ein einflussreiches wirtschaftliches und politisches Zentrum weit über das Elsass hinaus.

Route Joffre   **[122 B1]**

Insider Tipp

25 km südwestlich eine traumhafte, 15 km lange Bergstraße mit schönen Blicken, die über den Hundsrücksattel in das schöne Städtchen *Masevaux* führt.

Thann   **[122 B–C1]**

Bekannt ist das Städtchen 25 km südwestlich (8000 Ew.) vor allem durch seine *Stiftskirche Sain-Thiébaut,* die neben dem Straßburger Münster als bedeutendstes gotisches Bauwerk des Elsass gilt. Darauf bilden sich die Thanner etwas ein: Ein Sprichwort sagt, das Freiburger Münster sei zwar größer, das Straßburger höher, aber das Thanner am schönsten. Sehenswert ist außerdem die *Kornhalle* aus dem 16. Jh. In einer halben Stunde kann man zur *Burgruine Engelsburg* hinauflaufen. Als die Burg im 17. Jh. gesprengt wurde, kippte ein Teil des Turmes auf die Seite. Heute wird er im Volksmund »Œil de la Sorcière«, Hexenauge, genannt. Traurige Berühmtheit erlangte Thann Anfang der Achtzigerjahre, als die »Schwarzen Wölfe«, antifranzösische Autonomisten, zweimal das lothringische Kreuz in die Luft sprengten, ein Denkmal, das an die Befreiung der Stadt am Ende des Zweiten Weltkrieges erinnert.

10 km nordwestlich von Thann findet sich in *Husseren-Wesserling* in einer ehemaligen Weberei ein

Insider Tipp

Textil- und Kostümmuseum (tgl. außer Sa vormittags und Mo vormittags 10–12 und 14–18, Okt. bis März bis 17 Uhr, 4,60 Euro).

MULHOUSE

[123 D2] »Stadt der tausend Schornsteine«, so wurde das Manchester Frankreichs lange Zeit bezeichnet. Heute raucht von ihnen kaum einer mehr, geblieben ist eine solide Industriekultur, auf die die zweitgrößte Stadt des Elsass (mit Randgebieten 220 000 Ew.) aufbauen kann. So verfügt Mulhouse über einige hervorragende technische Museen. Seit mehreren Jahren geben sich die Stadtväter zudem Mühe, den Ort zu verschönern. Es lohnt sich auf jeden Fall, einen Bummel durch die Innenstadt zu machen.

SEHENSWERTES

Altes Rathaus

Stattlicher, reich bemalter Renaissancebau mit überdachter Doppeltreppe aus dem 16. Jh. auf der *Place de la Réunion,* dem schönsten Mülhauser Platz. In dem sehenswerten Ratssaal tagt noch heute der Gemeinderat. Vor dem Rathaus steht eine Nachbildung des Klappersteins. Wer über seine Mitmenschen herzog, wurde im Mittelalter dazu verurteilt, mit dieser fast 13 kg schweren, Grimassen schneidenden Maske um den Hals auf einem Esel, auf dem er zudem mit dem Gesicht nach hinten sitzen musste, durch die Stadt zu reiten.

Belvédère

Insider Tipp

Kleiner Aussichtsturm nahe dem Zoo auf dem Rebberg, einem

Im Renaissancerathaus von Mulhouse wird noch heute Politik gemacht

alten Weinberg und Nobelviertel von Mulhouse mit schönen, alten Villen. Vom Turm (nach Einbruch der Dunkelheit geschlossen) hat man einen weiten Blick über Mulhouse bis zu den Vogesen. Auf dem Belvédère befindet sich auch eine Gedenkstätte mit einer Skulptur für die »Malgré nous«, die elsässischen Zwangseingezogenen im Zweiten Weltkrieg.

Parc Zoologique

Mehr als 1100 Tiere tummeln sich in diesem Tierpark, der vor allem auf Grund seiner großzügigen landschaftlichen Gestaltung besticht. Er stammt aus dem Jahr 1868 und ist zugleich botanischer Garten. *1, Avenue de la 9ème Division Infant Coloniale, Dez.–Feb. tgl. 10 bis 16, März, Okt., Nov. 9–17, April, Sept. 9–18, Mai–Aug. 9–19 Uhr, 7,40 Euro*

Temple Sainte-Étienne

Die unscheinbare protestantische Kirche an der *Place de la Réunion* wurde zwar erst im 19. Jh. gebaut, enthält aber zehn sehr schöne Fenster, die noch aus dem Jahr 1330 stammen. Sie zeigen Szenen aus dem Alten und Neuen Testament.

MUSEEN

Musée National de l'Automobile

★ Lange Jahre sanken die Besucherzahlen des erfolgsverwöhnten Automuseums, doch nun geht es wieder bergauf. Eine private Betreiberfirma hat die Sammlung, die mehr als 100 Jahre Automobilgeschichte widerspiegelt, neu konzipiert – mit Erfolg. Die 500 Oldtimer sind nun thematisch und chronologisch geordnet. Bedeutend bleibt vor allem die Bugattisammlung, darin zwei von vier noch existie-

Im Oldtimermuseum: staunen über gut 100 Jahre Automobilgeschichte

renden Bugatti-Royale, die zu den luxuriösesten und teuersten Autos der Welt zählen. 900 Jugendstillaternen in der riesigen Halle beleuchten außerdem Modelle der Marken Mercedes, Ferrari, Maserati und auch den Rolls-Royce von Charlie Chaplin. *192, Avenue de Colmar, tgl. 10–18 (Juli/Aug. 10 bis 19) Uhr, 10 Euro*

Musée des Beaux-Arts

Die Sammlung des Museums der schönen Künste reicht vom Mittelalter bis zum 20. Jh. Es werden Werke von Boucher, Breughel und Cranach gezeigt, außerdem eine schöne Kollektion von Werken des Sundgauer Malers Jean-Jacques Henner und Sonderausstellungen zeitgenössischer Künstler. Das Museum befindet sich in einem Gebäude aus dem 18. Jh. *4, Place Guillaume Tell, Mi–Mo 10–12 und 14–18, Juli/Aug. bis 18.30 Uhr, Eintritt frei*

Musée Français du Chemin de Fer

Zirka 100 Dampf- und Elektroloks, Personen- und Güterwagen parken auf dem 30 000 m² großen Gelände, allein die Halle des Eisenbahnmuseums umfasst 13 000 m². Neben moderneren Triebwagen gibt es die Oldtimer der Eisenbahngeschichte zu sehen, so eine »Saint-Pierre« aus dem Jahr 1844 oder die »Sézanne Nr. 5« von 1847. Bewundern kann man auch die Pullman-Salonwagen von 1926. Im gleichen Gebäude ist eine Sammlung von Feuerwehrutensilien aus verschiedenen Ländern untergebracht, darunter Handpumpen aus dem Jahr 1780. *2, Rue Alfred de Glehn, Mai bis Sept. tgl. 10–18, Okt.–April 10 bis 17 Uhr, 7,60 Euro*

Musée Historique

Im Historischen Museum, das sich im alten Rathaus befindet, gibt es neben archäologischen Funden,

Volkskunst, Trachten und Möbeln auch schönes altes Spielzeug zu sehen. *Mi–Mo 10–12 und 14–18, Juli/Aug. bis 18.30 Uhr, Eintritt frei*

Musée de l'Impression sur Étoffes

Das Stoffdruckmuseum ist kürzlich modernisiert und neu konzipiert worden. Es zeichnet die Geschichte und Entwicklung des Stoffdrucks im 18. und 19. Jh. nach und nennt eine Sammlung von 3 Mio. Musterdrucken sein Eigen. Ferner gibt es wechselnde Sonderausstellungen. *14, Rue Jean-Jacques Henner, tgl. 10–12 und 14–18 Uhr, 5,50 Euro*

ESSEN & TRINKEN

Insider Tipp

L'Aubergine

Geheimtipp am Stadtrand. Vorzügliche französische Küche in Wohnzimmeratmosphäre. Reservieren! *108, Rue de la Comète, Ecke Rue Pfastatt, Tel. 03 89 32 14 04, So/Mo geschl., €€*

Le Cellier

Insider Tipp

Angenehmes Restaurant mit aufmerksamem Service knapp zehn Minuten zu Fuß vom Stadtkern. Sehr gute *tartes flambées*. Im Sommer stehen einige Tische draußen. Anmeldung empfohlen. *4, Rue des Trois Rois, Tel. 03 89 66 04 84, Sa mittags, Mo mittags und So geschl., €*

La Poste und La Tonnelle

Die Mulhouser Gourmettempel befinden sich in den Vorstädten. Wer seinem Gaumen also etwas Besonderes gönnen will, begibt sich nach *Riedisheim*. Neben der früheren Poststation liegt *La Poste (7, Rue du Général de Gaulle, Tel. 03 89 44 07 71, So abends, Di mittags und Mo geschl., €€€)*, dem der Feinschmeckerführer Michelin

Flughafen Basel-Mulhouse

Ein europäisches Unikum

Der schweizerisch-französische Flughafen wenige Kilometer nördlich von Basel im Elsass ist binational. Diese in Europa einzigartige Organisationsstruktur ist auf die Basler Platzprobleme zurückzuführen. Im Flughafen verläuft eine Grenze, eine exterritoriale Straße führt von Basel zum Airport, der Verwaltungsrat setzt sich aus eidgenössischen und französischen Mitgliedern zusammen. In Mulhouse ist man bisweilen betrübt, dass selbst im eigenen Land der Flughafen oft nur unter dem Namen Basel bekannt ist. Seit einigen Jahren nimmt die Passagierzahl stetig zu und liegt derzeit bei jährlich 3,6 Mio. Wenig begeistert von dieser Entwicklung sind die Anwohner. In Basel, in Baden und im Südelsass haben sich Bürgerinitiativen gegen seine Erweiterung gebildet. Zu empfehlen ist jedoch das gute und preisgünstige Flughafenrestaurant (französische Seite), ein Geheimtipp, der auch Nichtfluggäste anzieht. *www.euroairport.com*

einen Stern zuerkannt hat. Ebenfalls vorzüglich lässt es sich in der *Auberge de la Tonnelle (61, Rue du Maréchal Joffre, Tel. 03 89 54 25 77, Sa mittags, So abends und Mi geschl., €€ – €€€)* speisen.

Tour de l'Europe

⚜ Drehrestaurant auf dem Europaturm. Keine Spitzenküche, aber guter Durchschnitt mit Panoramablick von der 31. Etage. *3, Boulevard de l'Europe, Tel. 03 89 45 12 14, Mo geschl., € – €€*

EINKAUFEN

Insider Tipp Leckere Croissants gibt es in der *Patisserie Scherrer (Rue Bonbonnière, auch So morgens geöffnet)*. Den besten Espresso findet man unweit der Place de la Réunion in der *Rue Henriette* im *Café Arc,* zu dem auch ein Laden mit exquisitem Kaffee, Tee, Konfitüre und Schokolade gehört. Käseliebhaber sind richtig im *Au Bouton d'Or (5, Place de la Réunion)*. Schleckermäuler bedienen sich nahebei beim Spitzenkonditor *Jacques*.

Unweit hiervon liegen die beiden Mulhouser Glitzereinkaufsgalerien: *L'Espace Réunion* und *Cour des Maréchaux*. Etwas weniger edel, dafür aber umso bunter geht es am Dienstag, Donnerstag und besonders am Samstag auf dem basarähnlichen ⚔ *Marché du Canal Couvert (Rue Aristide Briand)* zu.

ÜBERNACHTEN

Hotel Bristol

Mittelklassehotel mit 70 Zimmern, einige davon genügen auch hohen Ansprüchen. *18, Avenue de Colmar, Tel. 03 89 42 12 31, Fax 03 89 42 50 57, www.hotelbristol. com, €€*

Hotel Roi Soleil

Modernes Billighotel mit 24-Stunden-Zugang mit Kreditkarte in der Hotelzone Ile Napoléon in Sausheim (gleichnamige Autobahnausfahrt auf der A 35 vor Mulhouse-Centre). Von 7 bis 10 Uhr und 17 bis 22 Uhr ist der Empfang besetzt. *83 Zi., Route Nationale 422 A, Tel. 03 89 61 80 90, Fax 03 89 61 75 39, www.hotelroisoleil.com, €*

Hotel Salvator

Familienhotel der Mittelklasse mit freundlichem, persönlichem Empfang. Es liegt günstig in Innenstadtnähe. *53 Zi., 29, Passage Central, Tel. 03 89 45 28 32, Fax 03 89 56 49 59, €€*

AM ABEND

Im Sommer ist die große Terrasse des Cafés *Le Moll* an der *Place de la République* Mulhouser Treffpunkt. Im ⚔ Bistro *Le Greffier (16, Rue de la Loi)* trifft sich die Mulhouser jüngere und ältere Jugend. Achtung, nicht abschrecken lassen – man muss klingeln, um Einlass zu bekommen, und das kann etwas dauern. In der Nähe des neuen Kulturzentrums *La Filature* findet sich in einer alten Fabrikhalle die Galerie und Bar *L'Entrepot (50, Rue du Nordfeld, Di–Sa 17.30–1.30 Uhr)*. *Insid Tipp* Freitag- und Samstagabend gibt es hier oft Tanz-, Kabarett-, Theater- oder Musikveranstaltungen, und in der Bar sind wechselnde Kunstausstellungen guten Niveaus zu sehen. In der Bar des Luxushotels *Hôtel du Parc (26, Rue de la Sinne)* genießt *Insid Tipp* man seinen Cocktail mit dezenter

Livemusik *(Fr/Sa ab 22 Uhr Piano).*
Insider Tipp ☆ Originell ist die Diskothek *Salle des Coffres:* Sie befindet sich in einem ehemaligen Tresorraum *(74, Rue du Sauvage, Mo/Di geschl.).* ☆ Die Rockmusik- und Alternativkultur kommt in einer ehemaligen Lagerhalle und Fabrik am Stadtrand im *Noumatrouff* zu ihrem Recht **Insider Tipp** *(57, Rue Mertzau).*

Das Kulturzentrum *Filature (20, Allée Nathan Katz)* schließlich, ein hochmoderner Bau des Architekten Claude Vasconi, bietet das ganze Jahr über ein weit gefächertes Angebot an Tanz- und Theateraufführungen sowie Konzerten. Im Juli und August ist Sommerpause, Ende August gibt es dann zum Start der Kultursaison ein mehrtägiges Jazzfestival.

BÄDER

Wer in der kälteren Jahreszeit in Mulhouse weilt und wohlige Wärme sucht, dem seien die *Städtischen Bäder (2, Rue Pierre Curie)* empfohlen. Die **römischen Bäder** – **Insider Tipp** eine Mischung aus Sauna, Dampfbad sowie Kalt- und Warmwasserbecken – in Räumen in großzügigem Jugendstil sind ein Erlebnis. *Okt.–Mai, gemischt Di 16–22.30, Do 17.30–21, Sa 14–19.15 Uhr; Männer Do 8.30–11.45 und 14 bis 17.30, Sa 8.30–11.45 Uhr; Frauen Mi 14–19.15 und Fr 8.30–21 Uhr, 14 Euro*

AUSKUNFT

Office du Tourisme
9, Avenue Maréchal Foch, 68100 Mulhouse, Tel. 03 89 35 48 48, Fax 03 89 45 66 16, www.tourismmulhouse.com

ZIELE IN DER UMGEBUNG

Écomusée Ungersheim **[126 B1]**
★ ☆ Das elsässische Freilichtmuseum erfreut sich großer Beliebtheit. Fast 400 000 Besucher finden jährlich den Weg nach *Ungersheim.* Über 60 historische Gebäude aus

Nostalgisches Landleben: das elsässische Freilichtmuseum in Ungersheim

dem 12. bis 20. Jh. sind in dem Museumsdorf in einem ehemaligen Kalibecken wieder aufgebaut worden, darunter eine Sägemühle aus den Vogesen, der Wehrturm eines Edelmannes aus Mulhouse, Fischerhütten, Bauernhöfe und ein französisches Salonkarussell von 1900 mit Bar, Plüsch- und Lederlogen und Tanzfläche – die Diskothek unserer Vorfahren. Ferner gibt es eine Schmiede, eine Wagenbauer- und eine Schuhmacherwerkstatt, eine Ölmühle und eine Weberei, in denen man zuschauen kann, wie die Handwerker früher gearbeitet haben. *Ungersheim (12 km nördlich von Mulhouse), Sept.–Juni tgl. 10–18, Juli/Aug. 9.30–19 Uhr, 13 Euro, www.ecomusee-alsace.com*

**Musée
du Papier Peint** [123 E2]
Das Tapetenmuseum im Vorort *Rixheim* kann aus einem reichen Fundus von 130 000 Tapeten schöpfen. *28, Rue Zuber, Juni–Sept. Mo–Fr 9 bis 12 und 14–18, Sa/So ab 10 Uhr, Okt.–Mai Mi–Mo 10–12 und 14 bis 18 Uhr, 5,50 Euro*

Insider Tipp **La Petite Camargue** [123 F3–4]
Bei Saint-Louis kurz vor Basel befindet sich dieses idyllische Naturreservat in einem der letzten Feuchtauengebiete am Oberrhein. Besucher können die Gebäude der 1852 eröffneten ehemaligen Kaiserlichen Fischzuchtanstalt bewundern und über das gut 1 km² große Gelände streifen, das zahlreichen vom Aussterben bedrohten Tieren einen Lebensraum bietet. Eine Ausstellung mit französischen und deutschen Infotafeln informiert über das empfindliche Ökosystem der Auengebiete, die Bedeutung des Rheins für seine Anliegerstaaten und die Geschichte der Fischzucht entlang des Stroms. Das Reservat ist ständig zugänglich und kostet keinen Eintritt. *Ausstellung: März bis Okt. Sa 13.30–17.30, So 10–12.30 und 13.30–17.30 Uhr, Juni–Sept. außerdem Mi und Do 13.30–17.30 Uhr, Nov.–Feb. So 13.30–17.30 Uhr, 4 Euro*

SUNDGAU

[122–123 C–F 2–5] Im Grenzgebiet zur Schweiz hat der Reichtum der Eidgenossen auf die Region des ländlichen Sundgau abgefärbt. Ein schönes Dorf mit liebevoll restaurierten alten Bauernhäusern reiht sich an das nächste, in manchen Orten arbeitet jeder Zweite in der Schweiz, die Arbeitslosenquote ist die niedrigste Frankreichs. Besonders schön und blumengeschmückt sind die Dörfer *Hirtzbach* und *Hirsingue*. Zahlreiche künstlich angelegte Fischteiche finden sich in der grünen, hügeligen und waldreichen Landschaft – hier werden die Karpfen aufgezogen, die dann später als Sundgauer Spezialität *carpes frites*, in Fett gebacken, auf den Tisch kommen.

Im Süden des Sundgaus wird es zunehmend bergiger, der elsässische Jura mit seinen tiefen Tannenwäldern ist stellenweise bis zu 800 m hoch. Der Fahrradtourismus, für den sich der Sundgau anbietet, wird hier zwar etwas beschwerlich, aber die Abfahrt vom *Blochmont* (622 m) in Richtung Ferrette entschädigt für manche Anstrengung; bergauf muss man eben notfalls schieben.

SEHENSWERTE ORTE

Altkirch **[123 D3]**
Die Regionalhauptstadt (6000 Ew.) des Sundgaus liegt auf einem Hügel über dem Illtal. Von der neuromanischen Kirche *Notre-Dame* hat man einen schönen Blick auf das Tal.

Ferrette **[123 D5]**
★ Das mittelalterliche Städtchen Ferrette war früher Sitz einer unabhängigen Grafschaft. Der Graf hinterließ zwei Burgruinen, von der *Oberburg* (zehn Minuten zu Fuß vom Rathaus) hat man einen schönen Blick auf Jura und Vogesen, bei gutem Wetter bis zum Schwarzwald.

Direkt neben Ferrette liegt Vieux Ferrette. Hier finden Sie den ausgezeichneten Käseladen von *Bernard Antony (17, Rue Montagne, Tel. 03 89 40 42 22)*, in dem nach Voranmeldung auch Käsedegustationen stattfinden.

Lucelle **[123 D6]**
Mit 53 Ew. kleinster Ort des Oberelsass, in dem früher eine berühmte Zisterzienserabtei stand. Die Grenze zur Schweiz verläuft mitten im Dorf. Schön ist die Fahrt über das wenige Kilometer nördlich gelegene *Winkel,* wo die Ill entspringt.

MUSEUM

Maison Paysan **[123 E5]**
Die Maison du Sundgau in *Oltingue* ist in einer Herberge aus dem 16. Jh. untergebracht. Das Bauern- und Heimatmuseum vermittelt einen Einblick in den Alltag früherer Zeiten im Sundgau. *Oltingue, 150, Rue Principale, Okt.–Dez. und März bis 14. Juni So 14–17 Uhr, sonst nach Voranmeldung unter Tel. 03 89 40 79 24, deutsche Führung, 2 Euro*

ESSEN & TRINKEN ÜBERNACHTEN

Hotel-Restaurant Collin **[123 D5]**
Ein einfaches Hotel am Ortseingang von Ferrette. *8 Zi., Di/Mi geschl., 4, Rue du Château, Tel. 03 89 40 40 72, Fax 03 89 40 38 26, Restaurant €€, Hotel €*

Hotel-Restaurant Auberge de Frœningen **[123 D2]**
Angenehmes, kleines Familienhotel in Illfurth-Frœningen mit sehr freundlichem Empfang. Einziger Nachteil: Es gibt nur sieben Zimmer, die oft ausgebucht sind. Empfehlenswert ist auch das Restaurant, in dem auf Feinschmeckerniveau gekocht wird. *2, Route d'Illfurth, Tel. 03 89 25 48 48, Fax 03 89 25 57 33, www.alsanet.com/froeningen, Restaurant So abends und Mo, im Winter auch Di geschl., €€–€€€, Hotel €€*

Hostellerie Paulus **[123 E2]**
Im idyllisch gelegenen Dorf *Landser* findet sich das Restaurant in einem schönen, behutsam restaurierten Fachwerkhaus. Marktfrische Saisonprodukte, auch die Fischgerichte sind zu empfehlen. *4, Place de la Paix, Tel. 03 89 81 33 30, Sa mittags, So abends und Mo geschl., €€€*

AUSKUNFT

Syndicat d'Initiative d'Altkirch
Place Xavier Jourdain, 68130 Altkirch, Tel./Fax 03 89 40 02 90

Schöne Aussichten

Die Touren sind in der Karte auf dem hinteren Umschlag und im Reiseatlas ab Seite 114 grün markiert

1 VOM RHEIN IN DIE HOCHVOGESEN

Die Route beginnt am ehemaligen Grenzübergang auf der Rheinbrücke bei Breisach und führt zunächst nach Colmar. Nach dem Mittagessen in Ammerschwihr oder Kaysersberg geht es hinauf in die Hochvogesen und ein Stück auf der Route des Crêtes entlang. Durchs Münstertal geht es hinunter nach Turckheim bzw. Colmar, wo die Fahrt endet. Die rund 100 km lange Tour, die vor allem landschaftliche Höhepunkte bietet, ist an einem Tag zu schaffen, wer jedoch genügend Zeit für Besichtigungen in Colmar haben möchte, sollte besser zwei Tage veranschlagen.

Die alte Zollstelle auf der *Rheinbrücke bei Breisach* wurde mit Inkrafttreten des Schengener Abkommens geschlossen, in dem Gebäude sind heute ein *Café* und ein *Hanfladen* untergebracht, der den französischen Gendarmen, die wenige Hundert Meter entfernt eine Dienststelle haben, ein Dorn im Auge ist. Denn die strengen französischen Gesetze verbieten sogar Symbole,

Reste gallorömischer Tempel verleihen dem Donon eine mystische Aura

die zum Rauschgiftkonsum verführen könnten. Im Prinzip macht sich schon strafbar, wer in dem kleinen Laden ein Paar Ohrringe in Form von Hanfblättern kauft ...

Erste Station im Elsass ist *Neuf-Brisach (S. 62)*, das direkt gegenüber dem deutschen Breisach auf der linken Rheinseite liegt. Ein Spaziergang durch das Zentrum lohnt sich, denn Neuf-Brisach, erbaut unter dem Festungsbaumeister Vauban, ist ein Musterbeispiel der französischen Militärarchitektur des ausgehenden 17. Jhs.

Von Neuf-Brisach führt Sie die Nationalstraße 415 nach *Colmar (S. 55)*, für viele die schönste Stadt im Elsass. Hier sollten Sie sich etwas Zeit nehmen, um zumindest einige der zahlreichen Sehenswürdigkeiten zu besichtigen. Wer Colmar etwas besser kennen lernen will, sollte hier ein Zimmer reservieren.

Für die Weiterfahrt nehmen Sie wieder die N 415 und fahren in Richtung Kaysersberg bis Ingersheim, von dort rechts ab auf der D 10 nach *Sigolsheim*. Der kleine Winzerort ist für besonders guten Wein bekannt. Zur Weinprobe lädt beispielsweise der örtliche Genossenschaftskeller *Cave Vinicole (11–15, Rue Saint-Jacques)* ein. Lohnend ist auch ein Besuch in der romanischen Kirche *Saints-Pierre-*

et-Paul, die Ende des 12. Jhs. errichtet wurde. Das Portal zeigt den thronenden Christus.

Wer besonders gut essen will, kann dies nahe Sigolsheim in *Ammerschwihr* tun, wo sich einer der renommierten Feinschmeckertempel des Elsass befindet *(S. 59)*. Sie können aber auch gleich weiter in Richtung *Kaysersberg (S. 61)* fahren und dort eine Rast einlegen. Gepflegte traditionelle Küche bietet das Restaurant *La Vieille Forge,* das in einer alten Schmiede untergebracht ist *(1, Rue des Écoles, Tel. 03 89 47 17 51, Di/Mi geschl., €–€€).* Nach dem Mittagessen gehts über die gut ausgebaute N 415 weiter nach Westen. Nach wenigen Kilometern nach links Richtung Orbey abbiegen.

Die D 48 führt in einigen Serpentinen bis zum *Lac Blanc,* einem hübschen, kleinen Gebirgssee. Hier wurde eine Skistation mit mehreren Liften ausgebaut – bei Wintersportwetter ist der Andrang entsprechend. Wer sich gerne die Füße vertreten, die klare Bergluft und die schöne Aussicht genießen will, kann sein Auto auf dem Parkplatz lassen. Vom Lac Blanc führt die Straße weiter bis zur *Route des Crêtes,* der Höhenkammstraße *(S. 62).* Von hier aus haben Sie eine herrliche Sicht über die Hochvogesen – leider ist diese sehr beliebte Ausflugsstraße am Wochenende entsprechend überfüllt (und im Winter häufig gesperrt).

Wenn Sie die Route des Crêtes (D 61) erreicht haben, biegen Sie nach links ab. Nach einigen Kilometern sehen Sie auf der linken Seite einen schönen Wasserfall. Sie verlassen die Kammstraße kurz vor dem Col de la Schlucht und biegen links in die D 417 ein – in Richtung Munster. Wenn Sie Lust auf einen Spaziergang haben, können Sie von der D 417 links abbiegen in Richtung *Lac Vert* – ein besonders idyllisches Plätzchen. Nächste Station ist der Ort *Munster (S. 62).*

Insid Tipp

Der Lac Blanc: im Sommer wie im Winter ein schönes Ausflugsziel

Von Munster aus sollten Sie die D 10 nehmen – sie führt parallel zur D 417 mitten durch Weinberge nach *Turckheim (S. 73)*, das zur Sommerzeit noch einen richtigen Nachtwächter aufzuweisen hat. Wer will, kann hier in einem der 16 komfortablen Zimmer im Hotel *Berceau du Vigneron* übernachten, das direkt an der historischen Stadtmauer liegt *(10, Place Turenne, Tel. 03 89 27 23 55, Fax 03 89 30 01 33, €)*. Schmackhafte Hausmannskost in gemütlicher Atmosphäre gibts im *Caveau du Vigneron (5, Grand'Rue, Tel. 03 89 27 06 85, mittags und Mo geschl., € – €€)*. Wenn Sie dagegen noch Lust auf etwas Nachtleben haben, sollten Sie bis Colmar fahren und dort übernachten.

2 BERG-UND-TAL-FAHRT ZU STRASSBURGS HAUSBERGEN

Die zweite Rundfahrt führt von Straßburg nach Westen durchs Breuschtal und über den Champ du Feu, den Ausflugsberg der Straßburger, wieder zurück in die Europastadt. Für die knapp 250 km sollten Sie sich zwei Tage Zeit nehmen, übernachtet wird in Fouday oder Colroy-La-Roche.

Von Straßburg aus folgen Sie den Autobahnschildern und fahren ein Stück auf der A 35 in Richtung Flughafen und dann nach *Molsheim (S. 70)*. Nun befinden Sie sich im Breuschtal, das einst eine blühende Textil- und Metallindustrie besaß. Davon ist heute kaum etwas übrig, und viele Bewohner des Tals pendeln zur Arbeit nach Molsheim oder Straßburg. Knapp 15 km nach Mutzig verlassen Sie die Schnell-

straße und biegen in die D 218 ein. Diese Straße führt Sie durch das romantische Haseltal nach *Oberhaslach*, wo der heilige Florentinus im 7. Jh. als Einsiedler gelebt und die Abtei Niederhaslach gegründet haben soll. Von Oberhaslach geht es weiter auf der D 218 bis zum *Wasserfall von Nideck*, der ein beeindruckendes Naturschauspiel bildet. Der Wasserfall und die nahe gelegenen Burgruinen Nideck, Hohenstein und Ringelstein sind beliebte Ausflugsziele, wo sich an Wochenenden zahlreiche Wanderer tummeln.

Als nächste Etappe empfiehlt sich der Donon. Dorthin gelangen Sie am besten, indem Sie die D 218 über Oberhaslach zurück und bis zur N 420 fahren. Dort geht es rechts bis zum Städtchen Schirmeck. Durch die Hauptstraße durch und dann rechts in die D 392 einbiegen, die direkt zum ◆ *Donon* führt. Das letzte Stück müssen Sie zu Fuß gehen – ein mit Treppen ausgebauter und beschilderter Spazierweg führt auf den Gipfel. Die Mühe lohnt sich – der mit 1009 m höchste Gipfel der Nordvogesen bietet nicht nur eine herrliche Aussicht über die Nordvogesen und auf die andere Rheinseite bis zum Schwarzwald, er verströmt auch eine eigenartige, fast mystische Aura. Überreste gallorömischer Tempel, die vor einigen Jahren mit anschaulichen Infotafeln versehen wurden, erinnern an die historische Bedeutung dieser Stätte.

Vom Donon führt die D 993 ins wenige Kilometer entfernte *Grandfontaine*, wo ein kleines *Bergwerksmuseum* an den Abbau von Eisenerz im 12. Jh. erinnert. Am Ortsausgang rechts abbiegen, in Richtung Étang du Coucou und Salm – der Weg führt Sie aufs *Salmhochplateau*, das einst zum Besitz der im Rheinland ansässigen Fürsten Salm gehörte. An sie erinnert das in 800 m Höhe gelegene Schloss Salm. In der kargen und rauen Landschaft des Hochplateaus ließen sich zu Beginn des 18. Jhs. Mennoniten nieder. In Salm ist ein Friedhof der für ihr gottesfürchtiges und spartanisches Leben bekannten Religionsgemeinschaft zu besichtigen. In Grandfontaine laden zwei einfache Gastwirtschaften zum Essen ein.

Nach dem Mittagessen gehts zurück nach Schirmeck und von dort über die N 420 bis zur Ortschaft Fouday. Von hier aus führt die D 57 nach *Waldersbach* (Ban-de-la-Roche), wo von 1767 bis 1826 der evangelische Pastor und Sozialreformer Johann Friedrich Oberlin wirkte. Oberlin setzte sich nicht nur für das Seelenheil seiner Schäfchen ein, sondern bemühte sich auch, ihr hartes Leben in dem kargen Tal erträglicher zu machen. So wurde unter Leitung des vielseitigen und praktisch veranlagten Gottesmannes die Landwirtschaft modernisiert, die Bauern probierten neues Pflanzgut und neue Kartoffelsaaten aus, legten Obstgärten an und veredelten Bäume. Oberlin gilt auch als Erfinder des Kindergartens, weil er »Strickstuben« einrichtete, in denen junge Frauen Kleinkinder betreuten, während die Mütter auf dem Feld mithalfen. Selbst pädagogisches Spielzeug ließ sich der Pastor einfallen. Über das Wirken des Gottesmannes, dem Georg Büchner in seiner Novelle »Lenz« ein Denkmal setzte, informiert ein ==Museum== *(Mi–Sa und Mo 10–12 und 14–18,*

Insider Tipp

So 14–18 Uhr, 5 Euro) im ehemaligen Pfarrhaus.

Wer den Tag nun mit einem guten Essen ausklingen lassen will, kann dies in *Fouday* tun. Dort bietet das Hotelrestaurant *Julien* 44 gemütliche Zimmer und bürgerliche, bodenständige Küche *(12, Route Nationale, Tel. 03 88 97 30 09, Fax 03 88 97 36 73, Restaurant Di geschl., €€)*. Einige Kilometer weiter liegt in Colroy-la-Roche die *Hostellerie La Cheneaudière*, ein elegantes Hotel mit Schwimmbad, einem Schlemmerrestaurant und einer gemütlichen Weinstube *(Tel. 03 88 97 61 64, Fax 03 88 47 21 73, tgl., €€€)*. In der Hostellerie können Sie auch hausgebrannte Obstschnäpse und Stopfleber zum Mitnehmen kaufen.

Von Colroy-la-Roche geht es am nächsten Tag weiter bis zu dem Dörfchen *Ranrupt*, wo sie in der *Töpferei Tonin* und einer benachbarten *Porzellanmalerei* Souvenirs kaufen können. Hier ist auch ein *ehemaliges Sägewerk* aus dem 19. Jh. zu besichtigen. Wenige Kilometer entfernt liegt *Salcée*, wo es ausgezeichnete hausgemachte Marmeladen zu kaufen gibt. Von Salcée empfiehlt sich ein Abstecher über den landschaftlich reizvollen Steigepass auf das *Climonthochplateau*, das einen herrlichen Panoramablick über die Vogesen bietet.

Weiter auf der D 214 bis zum Col d'Urbeis und von dort über die D 39 in Richtung Villé. Kurz nach Villé zweigt bei Saint-Martin rechts die D 225 ab, die Sie durch das Breitenbachtal und über den Charbonnièrepass zum *Champ du Feu* führt. Auf dem Hausberg der Straßburger gibt es einige Skilifte und eine schöne Rodelbahn.

Das Kloster auf dem Odilienberg: Ausflugsziel mit großem Speisesaal

Vom Champ du Feu führt die D 214 weiter zum *Odilienberg,* dem »heiligen Berg« des Elsass *(S. 71).* Wer will, kann zuvor von der D 214 links in die D 130 einbiegen und das ehemalige Konzentrationslager *Mémorial National de la Déportation Struthof-Natzwiller (März bis Juni tgl. 10–12 und 14–17.30, Juli/Aug. 10–18, Sept.–24. Dez. 10 bis 12 und 14–17 Uhr, 1,50 Euro)* besuchen. Es ist das einzige Vernichtungslager, das die Nationalsozialisten auf französischem Boden errichtet haben. Über 40 000 Gefangene vieler Nationalitäten waren hier von 1941 bis 1944 interniert, etwa 12 000 von ihnen kamen im Lager ums Leben. Vier der ehemals 17 Baracken sind noch erhalten geblieben und können besichtigt werden, in einer davon ist das Krematorium untergebracht.

Vom Mont Sainte-Odile aus geht es über die D 426 bergab nach Ottrott, wo Sie den Rouge d'Ottrott probieren können – einen der wenigen Rotweine des Elsass. Von hier führt die D 35 über Bœrsch ins beschauliche *Rosheim (S. 72)* und weiter durch hügelige Felder und Wiesen nach *Blaesheim* (zuerst die D 207 und dann, nach Krautergersheim, links ab die D 161). Hier empfiehlt sich das Restaurant Philippe Schadt, wo sich bereits Bundeskanzler Gerhard Schröder und Frankreichs Präsident Jacques Chirac zum Sauerkrautessen getroffen haben. Wenn der Wirt gut gelaunt ist, zeigt er Ihnen auch erotische Zeichnungen seines Freundes Tomi Ungerer, die im ersten Stock hinter Holztafeln versteckt sind *(Chez Philippe Schadt, 8, Place de l'Église, Tel. 03 88 68 86 00, So abends und Do geschl., €€–€€€).* Von Blaesheim sind Sie in wenigen Minuten auf der N 422, die Sie nach Straßburg zurückführt.

Inside Tipp

Auf Vogesengipfel und durch Rheinauen

Gemütlich am Rhein entlangradeln, die Altstadt von Straßburg vom Kanu aus erkunden oder einem Meisterkoch über die Schulter schauen

Lange Zeit war der typische Elsassurlauber über 40, gehörte der Mittelklasse an, interessierte sich für Baudenkmäler und beschauliche Spaziergänge und vor allem fürs gute Essen. Doch seit einigen Jahren bemüht sich die Tourismusbranche, der Region ein jüngeres, dynamischeres Image zu geben. Wer sich heute im Elsass sportlich betätigen will, findet eine breite Palette.

BALLONFAHREN & DRACHENFLIEGEN

Flüge mit Heißluftballons unter professioneller Leitung veranstaltet *Aerovision (Tel. 03 89 77 22 81, Fax 03 89 77 25 70, www.aerovision-montgolfiere.com).* Der Abflug erfolgt im Münstertal oder im Sundgau. Kurse im Drachenfliegen können Sie beim *Centre École du Markstein (Chalet Le Point, Tel. 03 89 82 68 54, Fax 03 89 38 22 45, c.e.m@wanadoo.fr)* belegen, das Jungfernflüge, Tageskurse und Schulungen für Anfänger und Fortgeschrittene anbietet. Eine andere

Im Ballon über die Vogesen: Gehen Sie doch mal in die Luft!

staatlich anerkannte Gleitflugschule gibt es in Breitenbach: *Association Grand'Vol, Tel. 03 88 57 11 42, Fax 03 88 67 91 55, www.grand vol.ffvl.fr*

GOLF

Der größte Golfplatz der Region (27 Löcher) liegt vor den Toren Straßburgs im Vorort Illkirch-Graffenstaden *(Golf Club de Strasbourg, Tel. 03 88 66 17 22).* Kleinere Golfplätze gibt es im Straßburger Vorort La Wantzenau, in Plobsheim und in Ammerschwihr. Informationen: *www.alsacegolf.com*

KANU

Zahlreiche kleine Flüsse bieten ideale Bedingungen für Entdeckungstouren per Kanu – etwa auf der Moder durch ein Naturschutzgebiet im Nordelsass, durch den idyllischen Illwald bei Sélestat oder auf dem Rheinnebenarm Kreuzrhein, wo in den letzten Jahren Biber wiederangesiedelt wurden. Auch die Wasserwege rund um die Straßburger Altstadt können Sie per Kanu erkunden. Ausflüge ab einem halben Tag oder auch mehrtägige

Touren mit kompetenten Begleitern veranstaltet *Itinerair'Alsace (Tel. 03 88 29 56 62, Fax 03 88 30 97 98, itinerair.alsace@laposte.net)*. Dort können Sie nach vorheriger Anmeldung auch Kanus mieten und von zwölf verschiedenen Verleihstationen auf eigene Faust lospaddeln.

KÜCHE & WEIN

Kochkurse für Feinschmecker bietet der Gourmettempel *Le Cheval Blanc in Lembach (1, Grand'Rue, Tel. 03 89 47 10 12, Fax 03 89 47 38 12)* an. Meisterkoch Fernand Mischler weiht die Teilnehmer höchstpersönlich in die Geheimnisse der Haute Cuisine ein. Lehrgänge für Weinfreunde veranstaltet unter anderem die *Fachhochschule für Weinbau in Rouffach (Tel. 03 89 78 73 00, Fax 03 89 78 73 01)*. Auskunft auch bei der *Maison des Vins d'Alsace in Colmar (Tel. 03 89 20 16 20, Fax 03 89 20 16 30)*.

MINIKREUZFAHRTEN

Weniger Sportliche können die elsässischen Rheinauen mit ihrer reichen Fauna und Flora im Rahmen einer Minikreuzfahrt entdecken. Die Panoramaausflugsschiffe der *Aqua Découverte (Yachthafen in Colmar, Anmeldung obligatorisch, Tel. 03 89 30 49 30, http://perso.wanadoo.fr/aqua-decouverte/)* fahren auf dem Canal de Colmar bis Artzenheim und zurück, kombiniert mit Essen oder einem Spaziergang durch die typische Riedlandschaft. Ausflugsfahrten auf dem Rhein bis Basel bietet das Fremdenverkehrsbüro in Huningue an *(Tel. 03 89 70 04 49 oder 03 89 89 70 20, ot.saintlouis. huningue@wanadoo.fr)*.

RADFAHREN

Zum Radeln bietet sich vor allem die Rheinebene an – hier gibt es viele kleine, verkehrsarme Landstraßen. In den letzten Jahren wurden auch immer mehr Radwege *(pistes cyclables)* geschaffen. Ein besonders beliebter Radwanderweg führt von Straßburg am Rhein-Marne-Kanal entlang bis nach Saverne, ein anderer, die »Veloroute du Rhin«, von Lauterbourg im Norden am Rhein bzw. am Grand Canal d'Alsace entlang bis ins südelsässische Saint-Louis. Das Straßburger Office du Tourisme empfiehlt kunstinteressierten Radlern eine 23 km lange Tour durch die Europastadt, die an 20 modernen Kunstwerken vorbeiführt. (Broschüre »L'Art à Vélo« erhältlich bei den Fremdenverkehrsbüros). Praktische Hinweise und Karten sind auch beim Radlerverband *Cadre (Tel. 03 88 75 17 50, CADR67@sdv.fr)* oder bei der *Touristikgemeinschaft Baden-Elsass-Pfalz* in Karlsruhe *(Tel. 0721/355 02 22, rvmo@region-karlsruhe.de)* zu erhalten. Für Feinschmecker veranstaltet *La Bicyclette Gourmande (Tel. 03 89 49 28 67, Fax 03 89 49 27 39, www.bicyclette gourmande.com)* zwei- oder mehrtägige Touren mit Aufenthalten in guten Hotels und Schlemmerrestaurants.

REITEN

Praktisch überall im Elsass gibt es Reiterfarmen und -hotels, die Ausflüge zu Pferd veranstalten. Im Sundgau haben sich rund 20 von ihnen zu der Vereinigung Sundgau Rando zusammengeschlossen. Das *Comité Régional du Tourisme* equestre (6, Route d'Ingersheim, Colmar, Tel. 03 89 24 43 18, Fax 03 89 23 15 08) hat einige Routen für Reiter ausgearbeitet und gibt eine Broschüre mit Adressen von Reiterfarmen heraus.

WANDERN

Für Wanderfreunde ist das Elsass ein ideales Urlaubsziel. In den Vogesen gibt es zahlreiche Wanderwege, die vom Club Vosgien (www.club-vosgien.com) engagiert unterhalten und ausgeschildert werden. Wer beim Wandern nicht auf Komfort verzichten und zudem noch kulinarisch etwas erleben will, kann eine mehrtägige Wandertour von Hotel zu Hotel buchen oder auch eine Feinschmeckertour. Für ausdauernde Wanderer empfiehlt sich eine Transvosgienne, also eine Tour quer über die Vogesen, oder eine Bergtour mit Führer. Lokale Anbieter können sie bei den Offices du Tourisme sowie bei der Agence de Développement touristique du Bas-Rhin (9, Rue du Dôme, B. P. 53, 67061 Strasbourg Cedex, Tel. 03 88 15 45 80, Fax 03 88 75 67 64, www.tourisme67.com) und bei der Association Départementale du Tourisme du Haut-Rhin (1, Rue Schlumberger, B. P. 337, 68006 Colmar Cedex, Tel. 03 89 20 10 68, Fax 03 89 23 33 91, www.tourisme68.asso.fr) erfragen.

WINTERSPORT

Die Vogesen sind mit vielen Loipen in herrlicher Landschaft vor allem ein Paradies für Langlauffreunde. Es gibt aber auch mehrere Wintersportorte, die relativ gute Abfahrten bieten. Kein Vergleich mit den Alpen, dafür gehts familiärer und gemütlicher zu. Der größte Wintersportort ist La Bresse bei Gérardmer. Wer sich mit weniger Liften zufrieden gibt, kann seine Bretter auch in den Stationen Markstein oder Lac Blanc bei Orbey anschnallen. Informationen im Internet unter http://neige.skiinfo.fr.

Ob im Frühtau oder in der Nachmittagssonne: Schnuppern Sie Vogesenluft!

Tierisches Vergnügen

Affen und Geier, Ponys und Bären – und wer dann noch nicht genug hat, staunt über den »Fahrstuhl für Schiffe«

Reisen mit Kindern ist im Elsass kein Problem. Es gibt zahlreiche Unternehmungen und Ziele, für die sich kleine Besucher begeistern können. In nahezu allen Museen und vergleichbaren Einrichtungen gibt es Kinderermäßigungen, in zahlreichen haben Kinder sogar freien Eintritt. Viele Restaurants bieten Kindermenüs an – mit Fritten, jeder Menge Ketchup und einer Schleckerei zum Nachtisch. Auch bei den zahllosen Volksfesten und Festivals denken die Veranstalter oft an die Kinder, denen sie ein spezielles Programm anbieten. Das hat auch damit zu tun, dass die Franzosen – und die Elsässer sind da sehr französisch – bei solchen Veranstaltungen gerne in Ruhe und ausgiebig speisen, wofür Kinder nicht unbedingt die nötige Geduld aufbringen.

NORDELSASS

Fantasialand [116 C3]

Mit den großen Freizeitparks kann es Fantasialand nicht aufnehmen, dafür gehts hier gemütlicher und

Ein paar Tipps, damit Ihre Kinder nicht das große Gähnen kriegen

familiärer zu. Es gibt eine Wildwestbahn, Flöße, ein Seeräuberboot und ein Panoramakugelkino. *Juli/ Aug. tgl. 10–18 Uhr, übrige Öffnungszeiten aktuell erfragen (Tel. 03 88 09 46 46), 11 Euro, Kinder 10 Euro, 1, route de Gunstett, Morsbronn-les-Bains*

Burgruine Gimbelhof [116 C1]

Auf der Burgruine des Weilers Gimbelhof bei der Burg Fleckenstein gibt es einen ==mittelalterlichen Abenteuerspielplatz.== *Frei zugänglich*

Insider Tipp

Schiffshebewerk (Plan Incliné) [115 D5–6]

Ein Erlebnis auch für Kinder ist das Schiffshebewerk bei Saint-Louis-Arzviller – eine in Frankreich einmalige technische Kuriosität am Rhein-Marne-Kanal: ein 43 m langer »Fahrstuhl« für Lastkähne, der einen beeindruckenden Höhenunterschied von 44,5 m überwindet. Den Kapitänen erspart diese Einrichtung eine Tagesfahrt mit 17 Schleusen. 90-minütige Bootsfahrten von Lutzelbourg zum Schiffshebewerk starten täglich. Kartenvorverkauf einen Tag vorher beim Office du Tourisme in Saverne oder direkt vor Ort. *April und Okt. 10 bis*

12 und 13.30–17, Mai, Juni, Sept.
10–12 und 13.30–17.30, Juli/Aug.
10–18 Uhr, 7 Euro, Kinder 5 Euro

Tierpark Sainte-Croix   [114 C5]
In Rhodes bei Sarrebourg etwa 80
km nordwestlich von Straßburg leben auf einem gut 1 km^2 großen
Gelände über 1200 Arten von Tieren, die in Europa heimisch sind
oder es zumindest waren, darunter
Wölfe, Bären und Raubvögel. Zu
dem Park gehört ein Restaurant mit
Terrasse. *Parc Animalier de Sainte-
Croix, Ostern–Mitte Juni Mo–Sa 10
bis 18, So 10–19 Uhr, Juli/Aug. Mo
bis Sa 10–19, So 10–20 Uhr, Sept.
bis 11. Nov. tgl. 10–18 Uhr, 10 Euro, Kinder 7 Euro, Rhodes, www.
parcanimalier.com*

ZENTRALELSASS

**Freizeitpark
Poney Ranch**   [118 E5]
Den Charme der Siebzigerjahre
strahlt dieser Freizeitpark in Herbs-
heim südlich von Straßburg aus, wo
Kinder sich im Freien austoben
können: beim Springen auf Trampo-
linen, auf Karussells, die mit eigener Muskelkraft angetrieben werden, oder auf Riesenrutschen. Es
gibt auch einen kleinen Zug, der
durchs Gelände bummelt, und ein
paar gutmütige Ponys, die mit den
Kindern herumtrotten. Während
die Kleinen sich vergnügen, können die Eltern auf der Terrasse oder
im Ausflugslokal preiswert essen
oder Kaffee trinken. *Di–Sa 14–19,
So 10–18 Uhr, 5 Euro*

Parc Robinson   [120 C4]
Wie Tarzan kann man sich hier mit
Seilen und Strickleitern von Baum
zu Baum schwingen. Stegbrücken,

Affenschaukeln und Netze bestim-
men diesen »Wanderweg« besonde-
rer Art, der in einem Waldgebiet bei
Breitenbach am Kreuzwegpass angelegt wurde. Es gibt fünf Routen
unterschiedlicher Schwierigkeits-
grade für Kinder ab vier. *März–Nov.
tgl 9.30–19 Uhr, Anmeldung empfohlen, Tel. 03 88 08 32 08, www.
parc-robinson.com/alsace.htm, 17
Euro inkl. Einweisung und Ausrüs-
tung, Kinder (4–7 Jahre) 6 Euro
bzw. (8–15 Jahre) 12 Euro*

Spielzeugmuseum
Colmar   [111 D3]
Das Spielzeugmuseum ist aus einer
Sammlung von 3000 Spielzeugen
eines Elsässer Kunstmalers entstanden. Auf drei Etagen wird ein Drit-
tel des Gesamtfundus gezeigt, wo-
bei die ausgestellten Spielzeuge regelmäßig wechseln. Ein Schwer-
punkt sind Modelleisenbahnen, die
auf insgesamt 500 m langen Glei-
sen durch das Museum fahren.
Manche Spielzeuge dürfen die Kinder auch ausprobieren. *Musee du
Jouet et du Petit Train, Mi–Mo 10
bis 12 und 14–18, Juli–Sept. tgl. 9
bis 18 Uhr, 3,80 Euro, Kinder 1,50
Euro, 40, Rue Vauban*

WEINSTRASSE

**Affenberg und Adlerburg
Haut-Kœnigsbourg**   [118 C6]
Am Fuß der Hochkönigsburg gibt es
zwei Attraktionen, die für Familien
mit Kindern ideal sind: Auf dem Affenberg *Montagne des Singes (April
und Okt. tgl., Nov. Mi, Sa, So 10 bis
12 und 13–17 Uhr, Mai, Juni und
Sept. tgl. 10–12 und 13–18 Uhr, Ju-
li/Aug. tgl. 10–18 Uhr, 7 Euro, Kinder 4,50 Euro)* leben rund 300 Ber-
beraffen in einem großen Waldge-

Das Electropolis lässt Ihnen die Haare zu Berge stehen

biet in freilandähnlichen Verhältnissen. Besucher können sich an den amüsanten Tieren vergnügen und dürfen sie mit Popcorn füttern.

Auf der Adlerburg *Volerie des Aigles (April, Mai, Sept. und Okt. Vorführungen tgl. 14–16, Juni, Juli, Aug. 14–17 Uhr, Mitte Juli–Mitte Aug. auch 10–11.15 Uhr, 8 Euro, Kinder 5 Euro)* werden Raubvogeldressuren vorgeführt. Besonders beeindruckend die Riesenraubgeier, die dicht über den Köpfen der Zuschauer entlangsegeln.

SÜDELSASS

Electropolis Mulhouse [123 D2]
Ein Museum, das die Geschichte der Elektrizität erzählt, aber auch neueste Anwendungen wie für Musikcomputer oder Computerspiele dokumentiert. *55, Rue du Pâturage, Juli/Aug. tgl., Sept.–Juni Di–So 10 bis 18 Uhr, 7,30 Euro, Kinder 3,50 Euro*

FESTE FEIERN MIT KINDERN

Beeindruckende Ritterspiele gibt es in geraden Jahren am letzten Juniwochenende im südelsässischen *Ferrette* [113 D5]. Anfang Juli veranstaltet das Städtchen *Cernay* [122 C1] historische Spiele, die die Besucher in die Zeit des Sonnenkönigs zurückversetzen sollen. Beeindruckend ist das große Feuerwerk, das am 13. Juli, dem Vorabend des französischen Nationalfeiertags, die Schlossruine von *Kaysersberg* [121 D2] beleuchtet. Am Samstag nach dem 14. Juli ziehen im Winzerort *Rouffach* [121 D4] Hexen durch die engen Gassen, einen Tag später gibts in *Wangenbourg-Engenthal* [118 C2] einen amüsanen Holzfällerwettbewerb. Der nordelsässische Ort *Lembach* [116 C2] lädt jeweils am zweiten Augustsonntag zu einem <mark>deutschfranzösischen Kinderfest</mark> ein.

Insider Tipp

99

Angesagt!

Was Sie wissen sollten über Trends, die Szene und Kuriositäten in Elsass

Sechzigerjahre

Der bunte Flower-Power-Look der Sechzigerjahre erlebt bei jungen Französinnen ein Comeback. Originalklamotten aus der Hippiezeit ihrer Eltern finden sie u. a. in Straßburg im *Kiloshop (8, Rue de la Lanterne)*. Die Preise sind den Geldbeuteln der Jugendlichen angepasst – bezahlt wird nach Gewicht, ein Kilo kostet 25 Euro.

Rai

Im Alltag klagen die Kinder der französischen Einwanderer aus Nordafrika oft über Diskriminierung. Doch mit ihrer Musik, dem Rai, kommen sie bei den jungen Franzosen bestens an. Seit der algerischstämmige Sänger Khaled Mitter der Neunzigerjahre mit seinem Ohrwurm »Aisha« in den Charts landete, gehört Rai heute zum festen Repertoire von Clubs und Diskotheken. Die Texte sind teils französisch, teils arabisch. Sie setzen sich oft kritisch mit dem Leben der Kids in den tristen Plattenbausiedlungen am Rand der Städte auseinander.

Rasta

Aus den Überseedepartements auf den Antillen stammen die Rastazöpfchen, die sich bei jungen Franzosen wachsender Beliebtheit erfreuen. In allen größeren Städten gibt es Friseursalons, wo zumeist farbige Haarkünstler in oft mehrstündiger Prozedur die winzigen Zöpfchen flechten. In Straßburg findet man mehrere Spezialsalons für exotische Haartrachten im Bahnhofsviertel in der Rue de la Course.

Comics

Comics heißen in Frankreich BD *(bande dessinée)*. Vor allem bei jungen Leuten gibt es einen regelrechten BD-Kult: In allen Büchereien finden sich die jüngsten Werke der beliebtesten Zeichner und Autoren auf Präsentiertischen. Das südelsässische Illzach veranstaltet im November das BD-Festival Bédéciné, das ein Stelldichein für mehr als 30 000 BD-Fans ist.

Salsa

Auch im Elsass sind lateinamerikanische Salsaklänge ein Renner. In Straßburg etwa gibts in Szenekneipen wie dem *Café des Anges (Rue de la Krutenau)* regelmäßig Salsaabende.

Von Anreise bis Zoll

Hier finden Sie kurz gefasst die wichtigsten Adressen und Informationen für Ihre Elsassreise

ANREISE

Auto

Anreise über die Europabrücke bei Kehl–Straßburg oder im Süden von der Autobahn Frankfurt–Basel über den Autobahnübergang Ottmarsheim 30 km südlich von Freiburg. Wer es nicht eilig hat, kann auch über kleinere Grenzübergänge anreisen, so zum Beispiel über die Rheinfähre bei Kappel/Rhinau einige Kilometer südlich von Lahr. Autozüge gibt es von mehreren norddeutschen Städten nach Lörrach bei Basel.

Bahn

Die wichtigsten Bahnverbindungen laufen über Straßburg. Zwischen dem deutschen Intercitybahnhof Offenburg an der Strecke Frankfurt–Basel und Straßburg bestehen regelmäßige Verbindungen. Während der Hauptverkehrszeiten morgens, mittags und abends gibt es innerhalb des Elsass insbesondere auf der Nord-Süd-Achse gute Zugverbindungen. Südlich von Straßburg bestehen keine deutschfranzösischen Eisenbahnübergänge mehr. Nach Mulhouse gelangt man mit dem Zug lediglich über Basel. Die Rückfahrkarte nach Straßburg kostet (mit ICE, ohne eventuelle Ermäßigungen) ab Hamburg rund 250 Euro, ab München rund 130 Euro.

Flugzeug

Die Hauptflugverbindungen ins Elsass laufen über den Flughafen Basel-Mulhouse. Ein regulärer Flug von Hamburg oder Berlin nach Basel-Mulhouse ist ab ca. 400, von München oder Düsseldorf für ca. 275 Euro zu haben. Der Flughafen ist durch einen Bus stündlich bis halbstündlich mit dem Bahnhof in Mulhouse verbunden. Linienflüge nach Strasbourg-Entzheim gibt es ab München und Wien. Rund 50 km von Straßburg entfernt liegt der Regionalflughafen Baden-Airport, der von mehreren deutschen Großstädten aus angeflogen wird.

AUSKUNFT VOR DER REISE

Maison de la France

– *Westendstr. 47, 60325 Frankfurt, Tel. 0190/57 00 25, Fax 59 90 61*
– *Rennweg 42, 8023 Zürich, Tel. 09 00 90 06 99, Fax 01/217 46 17*
– *Argentinierstr. 41, 1040 Wien, Tel. 09 00 25 00 15, Fax 01/503 28 71*
– *www.maison-de-la-france.com*

AUSKUNFT IM ELSASS

Comité Régional du Tourisme d'Alsace

20 a, Rue Berthe Molly, 68000 Colmar, Tel. 03 89 24 73 50, Fax 03 89 24 73 51, www.tourisme-alsace.com

Agence de Développement touristique du Bas-Rhin

9, Rue du Dôme, B.P. 53, 67061 Strasbourg Cedex, Tel. 03 88 15 45 80, Fax 03 88 75 67 64, info@tourisme.com

Association Départementale du Tourisme du Haut-Rhin

1, Rue Schlumberger, B.P. 337, 68006 Colmar Cedex, Tel. 03 89 20 10 68, Fax 03 89 23 33 91, www.tourisme68.asso.fr

AUTO

Die Höchstgeschwindigkeit beträgt innerorts 50, auf Autobahnen 130 (bei Regen 110), auf Schnellstraßen 110 (bei Regen 100) und auf Landstraßen 90 (bei Regen 80) km/h. Bußgelder für zu schnelles Fahren sind erheblich. Die Promillegrenze liegt bei 0,5. Benzin ist mittlerweile etwas billiger als in Deutschland. Die Tankstellen der großen Supermärkte sind erheblich preiswerter als Markentankstellen. Pannenhilfe *(dépanneur-remorquer)* leisten die 24-stündigen Dienste der Autohersteller, vermittelt durch die Polizei *(Tel. 17)* bzw. Autobahnnotrufsäulen. Im Gegensatz zum übrigen Frankreich ist ein Großteil der Autobahnen im Elsass nicht mautpflichtig.

BAHN (SNCF)

Für das ganze Elsass gilt die zentrale Auskunfts- und Reservierungsnummer *08 36 35 35 35* (34 Cent/Minute), Internet: *www.sncf.com*

BANKEN & GELDWECHSEL

Banken sind meist Mo–Fr 9 bis 11.30 Uhr oder 12.30 Uhr und 13.30 oder 14 bis 16.30 oder 17 Uhr geöffnet. Einige schließen am Montag und öffnen dafür am Samstagvormittag. In den Bahnhöfen von Straßburg und Mulhouse bleibt auch am Wochenende ein Wechselschalter geöffnet. Viele Geschäfte akzeptieren auch Schweizer Franken. Kreditkarten, vor allem Eurocard und Visa, sind in Frankreich sehr verbreitet.

CAMPING

In den Fremdenverkehrsbüros erhalten Sie die Broschüre »Camping/Caravaning«, die die Campingplätze in der Region aufführt.

DIPLOMATISCHE VERTRETUNGEN

Deutsches Konsulat
15, Rue des Francs Bourgeois, Straßburg, Tel. 03 88 15 03 40

Österreichisches Konsulat
29, Avenue de la Paix, Straßburg, Tel. 03 88 35 13 94

Schweizer Konsulat
11, Boulevard du Président Edwards, Straßburg, Tel. 03 88 35 00 70

EINREISE

Personalausweis genügt. Normalerweise herrscht an der deutschfranzösischen Grenze freie Fahrt, ab und an gibts aber Stichkontrollen.

GESUNDHEIT

Zwischen den deutschen und französischen Krankenkassen regelt ein Abkommen, dass der Arztbesuch mit dem Auslandskrankenschein kostenlos ist – theoretisch. Oft wird der Krankenschein jedoch nicht anerkannt, oder es entstehen Zusatzkosten. Legen Sie Arzt- und Apothekengebühren aus, und reichen Sie die Belege der heimischen Kasse zur Erstattung ein. Um auch einen eventuellen Eigenanteil abzudecken, ist eine Reisekrankenversicherung ratsam.

GÎTE RURAL

Eine günstige Möglichkeit unterzukommen sind die *gîtes ruraux*, Wohnungen und Häuser auf dem Land, meist mit Garten oder Terrasse, die von Privatpersonen vermietet werden. In der Nebensaison können Sie manche Häuser und Wohnungen schon für 150 bis 200 Euro pro Woche mieten. Zünftig geht es in den Wanderhütten der Naturfreunde zu.

Oberelsass

Relais Départemental des Gîtes ruraux de France du Haut-Rhin, B. P. 371, F-68007 Colmar Cedex, Tel. 03 89 20 10 68, Fax 03 89 23 33 91, gitesdefrance68@tourisme68.asso.fr

Unterelsass

Relais du Tourisme Rural du Bas-Rhin, 7, Place des Meuniers, F-67000 Strasbourg, Tel. 03 88 75 56 50, Fax 03 88 23 00 97, www.alsace-gites-de-france.com

Les Amis de la Nature

197, Rue Championnat, F-75018 Paris, Tel. 01 46 27 53 56, Fax 01 46 27 40 46, www.lesamisdela nature.fr

INTERNET

www.tourisme-alsace.com, die Website des elsässischen Touris-

www.marcopolo.de

Das Reiseweb mit Insider-Tipps

Mit Informationen zu mehr als 4 000 Reisezielen ist MARCO POLO auch im Internet vertreten. Sie wollen nach Paris, in die Dominikanische Republik oder ins australische Outback? Per Mausklick erfahren Sie unter www.marcopolo.de das Wissenswerte über Ihr Reiseziel. Zusätzlich zu den Reiseführerinfos finden Sie online:

• täglich aktuelle Reisenews und interessante Reportagen
• regelmäßig Themenspecials und Gewinnspiele
• Miniguides zum Ausdrucken

Gestalten Sie MARCO POLO im Web mit: Verraten Sie uns Ihren persönlichen Insider-Tipp, und erfahren Sie, was andere Leser vor Ort erlebt haben. Und: Ihre Lieblingstipps können Sie in Ihrem MARCO POLO Notizbuch sammeln. Entdecken Sie die Welt mit www.marcopolo.de! Holen Sie sich die neuesten Informationen, und haben Sie noch mehr Spaß am Reisen!

muskomitees, bietet nützliche Hinweise zu aktuellen Veranstaltungen, Onlinebuchung für Hotels etc. Teilweise in (etwas holprigem) Deutsch. Unterkünfte, Restaurants und Hinweise auf Feste und Märkte finden Sie unter *www.alsace-info.com.,* Interessantes über die Region und ihre Geschichte, Sehenswürdigkeiten, Tipps für Ausflüge, Hotels, Restaurants unter *www.visit-alsace.com.* Adressen von Winzern und Herstellern regionaler Spezialitäten erhalten Sie auf der Website *www.alsace-terroir.com.*

INTERNETCAFÉS

– Cyber-Café Le Poussin Vert, Colmar, 37, Route de Neuf-Brisach, Tel. 03 89 41 18 58
– Le Convivial, Mulhouse, 5, Rue de la Sinne, Tel. 03 89 46 11 06
– Le Suenbella, Strasbourg, 3, Rue de l'Épine, Tel. 03 88 23 14 40
– Le Bazook Kafé, Sélestat, 3, Rue Sainte Foy, Tel. 03 88 58 47 59

JUGENDHERBERGEN

Colmar

Auberge de Jeunesse, 2, Rue Pasteur, Tel. 03 89 80 57 39, Fax 03 89 80 76 16

Mulhouse

Auberge de Jeunesse, 37, Rue Illberg, Tel. 03 89 42 63 28, Fax 03 89 59 74 95

Straßburg

Auberge de Jeunesse, 9, Rue de l'Auberge de Jeunesse, Tel. 03 88 30 26 46, Fax 03 88 30 35 16
    Rue des Cavaliers–Parc du Rhin (bei der Europabrücke), Tel. 03 88 45 54 20, Fax 03 88 45 54 21

KLIMA & REISEZEIT

Im Elsass herrscht überwiegend mildes Klima. Da die Rheinebene im Schutz der Vogesen liegt, regnet es wenig. Im Hochsommer ist es in der Ebene oft schwül und heiß, in

Wetter in Straßburg

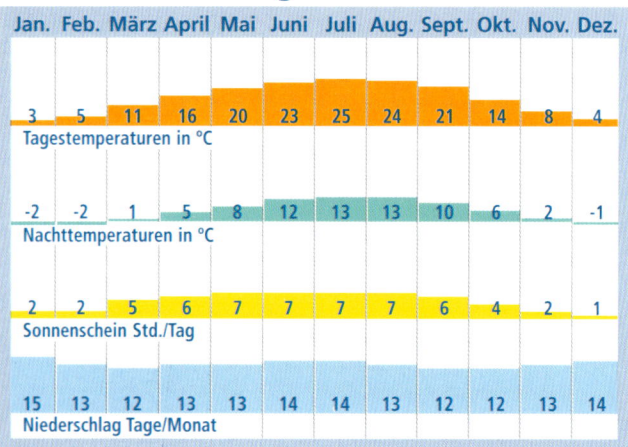

	Jan.	Feb.	März	April	Mai	Juni	Juli	Aug.	Sept.	Okt.	Nov.	Dez.
Tagestemperaturen in °C	3	5	11	16	20	23	25	24	21	14	8	4
Nachttemperaturen in °C	-2	-2	1	5	8	12	13	13	10	6	2	-1
Sonnenschein Std./Tag	2	2	5	6	7	7	7	7	6	4	2	1
Niederschlag Tage/Monat	15	13	12	13	13	14	14	13	12	12	13	14

den Vogesen hingegen weht ein angenehm frischer Wind. Im Frühjahr und Herbst können Sie oft herrliches, mildes Wetter haben, bisweilen gibt es allerdings Nebel. Wenn im Winter die Ebene in Schneematsch und Nebel versinkt, beschert Ihnen die Fahrt auf die Höhen der Vogesen strahlend blauen Himmel. In schneereichen Wintern sind die Vogesen ein herrliches Wintersportgebiet.

MIETWAGEN

Mietwagen der Mittelklasse kosten um die 100 Euro pro Tag zuzüglich Kilometergebühr, pro Woche ohne Kilometerbegrenzung um die 360 Euro. Buchungen bereits von zu Hause aus sind oft günstiger als vor Ort.

Straßburg
– Avis: Place de la Gare,
Tel. 03 88 32 30 44
– Europcar: Place de la Gare,
Tel. 03 88 15 55 66
– Hertz: 10, Boulevard Metz,
Tel. 03 88 32 57 62

NOTRUF

Notarzt: 15
Polizei: 17
Feuerwehr: 18

ÖFFENTLICHE VERKEHRSMITTEL

In den drei großen elsässischen Städten Straßburg, Mulhouse und Colmar gibt es ein gut ausgebautes Busnetz, in Straßburg fährt auch eine Straßenbahn. Busfahrscheine können beim Fahrer oder in Tabakläden gekauft werden.

Was kostet wie viel?

Kaffee 1,40 Euro
für eine Tasse Espresso

Brot 70 Cent
für eine Stange Baguette

Wein 3–4 Euro
für 0,25 Liter Riesling

Bier 2,60 Euro
für ein *demi* (0,25 Liter)

Imbiss 2,50–3 Euro
für ein Stück Zwiebelkuchen

Benzin um 1 Euro
für einen Liter Super bleifrei

Zwischen Colmar und Freiburg sowie zwischen Mulhouse und Freiburg verkehrt mehrmals täglich ein Euroregiobus, nach Mulhouse nur Montag bis Freitag. Er fährt jeweils am Bahnhof ab.

POST

Die meisten Postämter haben Mo bis Fr 8–18.30 Uhr geöffnet, am Samstag 8–12 Uhr. Briefmarken gibt es auch in Tabakläden. Eine Postkarte bzw. ein Brief bis 20 g in EU-Länder sowie in die Schweiz kostet 46 Cent.

STROM

Die Netzspannung in Frankreich beträgt 220 Volt. Die deutschen Stecker passen allerdings nicht immer, Sie sollten deshalb eventuell einen Adapter mitnehmen, den man aber auch im Kaufhaus im Elsass erstehen kann.

TELEFON & HANDY

Telefonkarten *(télécartes)*, die Sie für die Kartenautomaten benötigen, erhalten Sie in Tabakläden oder in der Post. Die Vorwahlen innerhalb Frankreichs sind abgeschafft, alle Telefonnummern in Frankreich sind zehnstellig. Vorwahl nach Frankreich 0033, dann die Null am Anfang der Teilnehmernummer weglassen. Nach Deutschland wählen Sie 0049, dann die Ortsvorwahl ohne die Null, dann die Teilnehmernummer. Die Ländervorwahl für die Schweiz ist 0041, für Österreich 0043.

Für eine deutsche Handynummer wählen Sie aus Frankreich zuerst die Ländervorwahl 0049, dann die Nummer ohne die Null am Anfang. Entsprechend verfahren Sie mit Handynummern in Österreich oder der Schweiz. Französische Handynummern beginnen immer mit Null. In Grenznähe kann die Verbindung schlecht sein, wenn sich das französische und das deutsche bzw. das schweizerische Mobilfunknetz überschneiden.

TRINKGELD

Bedienung ist im Restaurant in den Preisen normalerweise enthalten. Üblich sind indes Trinkgelder bis zu zehn Prozent der Rechnung, vorausgesetzt, Sie waren mit dem Service zufrieden. In Kinos mit Platzanweiserinnen gibt man in Frankreich Trinkgeld (30 bis 50 Cent).

ZEITUNGEN

Im Elsass gibt es zwei regionale Tageszeitungen: Die »Dernières Nouvelles d'Alsace« (DNA) erscheinen in Straßburg, »L'Alsace« wird in Mulhouse herausgegeben. Beide Zeitungen verfügen über einen Serviceteil, in dem u. a. die Dienst habenden Ärzte und Apotheken aufgeführt werden. Interessant ist auch die überwiegend deutschsprachige Wochenzeitung »3«, die am Freitag der Basler Zeitung beigelegt ist (an manchen Kiosken auch im Einzelverkauf).

ZOLL

Innerhalb der EU dürfen alle Waren, die für den persönlichen Verbrauch bestimmt sind, frei ein- und ausgeführt werden, z. B. bis zu 90 l Wein, 10 l Spirituosen und 800 Zigaretten. Für Schweizer gelten wesentlich engere Freimengen, u. a. 200 Zigaretten, 2 l Wein, 1 l Spirituosen.

Die MARCO POLO Bitte

Marco Polo war der erste Weltreisende. Er reiste in friedlicher Absicht, verband Ost und West. Er wollte die Welt entdecken, fremde Kulturen kennen lernen, nicht zerstören. Könnte er heute für uns Reisende nicht Vorbild sein? Aufgeschlossen und friedlich sollte unsere Haltung auf Reisen sein. Dazu gehören auch Respekt vor Mensch und Tier und die Bewahrung der Umwelt.

WWF

Tu parles français?

»Sprichst du Französisch?«
Dieser Sprachführer hilft Ihnen, die wichtigsten
Wörter und Sätze auf Französisch zu sagen

Zur Erleichterung der Aussprache sind alle französischen Wörter mit einer einfachen Aussprache (in eckigen Klammern) versehen.

AUF EINEN BLICK

Ja./Nein.	Oui. [ui]/Non. [nong]
Vielleicht.	Peut-être [pöhtätr]
Bitte.	S'il vous plaît. [sil wu plä]
Danke.	Merci. [märsi]
Gern geschehen.	De rien. [dö rjäng]
Entschuldigen Sie!	Excusez-moi! [äksküseh mua]
Wie bitte?	Comment? [kommang]
Ich verstehe Sie/dich nicht.	Je ne comprends pas. [schön kongprang pa]
Ich spreche nur wenig Französisch.	Je parle un tout petit peu français. [schparl äng tu pti pöh frangsä]
Können Sie mir bitte helfen?	Vous pouvez m'aider, s.v.p.? [wu puweh mehdeh sil wu plä]
Sprechen Sie Deutsch/Englisch?	Vous parlez allemand/anglais? [wu parleh almang/anglä]
Ich möchte …	J'aimerais … [schämrä]
Das gefällt mir nicht.	Ça ne me plaît pas. [san mö plä pa]
Haben Sie …?	Vous avez …? [wus_aweh]
Wie viel kostet es?	Combien ça coûte? [kongbjäng sa kut]
Wie viel Uhr ist es?	Quelle heure est-il? [käl_ör ät_il]

KENNENLERNEN

Guten Morgen/Tag!	Bonjour! [bongschur]
Guten Abend!	Bonsoir! [bongsuar]
Hallo!/Grüß dich!	Salut! [salü]
Wie ist Ihr Name, bitte?	Comment vous appelez-vous? [kommang wus_apleh wu]
Wie heißt du?	Comment tu t'appelles? [kommang tü tapäl]

Wie geht es Ihnen/dir?	Comment allez-vous/vas-tu?
	[kommangt_aleh wu/wa tü]
Danke. Und Ihnen/dir?	Bien, merci. Et vous-même/toi?
	[bjäng märsi. eh wu mäm/tua]
Auf Wiedersehen!	Au revoir! [oh röwuar]
Tschüss!	Salut! [salü]
Bis bald!	A bientôt! [a bjängtoh]

UNTERWEGS

Auskunft

links/rechts	à gauche [a gohsch]/à droite [a druat]
geradeaus	tout droit [tu drua]
nah/weit	près [prä]/loin [luäng]
Bitte, wo ist …?	Pardon, où se trouve …, s.v.p.?
	[pardong, us truw … sil wu plä]
Wie weit ist das?	C'est à combien de kilomètres d'ici?
	[sät_a kongbjängd kilomätrö disi]
Welches ist der kürzeste	Quel est le chemin le plus court pour
Weg nach/zu …?	aller à …? [käl_äl schömäng lö plü kur
	pur aleh a]

Panne

Ich habe eine Panne.	Je suis en panne. [schö süis_ang pan]
Würden Sie mir bitte einen	Est-ce que vous pouvez m'envoyer une
Abschleppwagen schicken?	dépanneuse, s.v.p.?
	[äs_kö wu puweh mangwuajeh ün deh
	panöhs sil wu plä]
Gibt es hier in der Nähe	Est-ce qu'il y a un garage près d'ici?
eine Werkstatt?	[äs_kil_ja äng garasch prä disi]
… ist defekt.	… est défectueux. [ä dehfäktüöh]

Tankstelle

Wo ist bitte die nächste	Pardon, Mme/Mlle/M., où est la station-
Tankstelle?	service la plus proche, s.v.p.?
	[pardong madam/madmuasäl/mösjöh u ä
	la stasjong särwis la plü prosch sil wu plä]
Ich möchte … Liter.	… litres, s'il vous plaît. [litrö sil wu plä]
Super.	Du super. [dü süpär]
Diesel.	Du gas-oil. [dü gasual]
bleifrei/mit … Oktan.	Du sans-plomb/… octanes.
	[dü sang plong/ … oktan]
Voll tanken, bitte.	Le plein, s.v.p. [lö pläng sil wu plä]

Unfall

| Hilfe! | Au secours! [oh skur] |
| Achtung! | Attention! [atangsjong] |

Vorsicht!
Attention! [atangsjong]

Rufen Sie bitte schnell ...
Appelez vite ... [apleh wit]

... einen Krankenwagen.
... une ambulance. [ün_angbülangs]

... die Polizei.
... la police. [la polis]

... die Feuerwehr.
... les pompiers. [leh pongpjeh]

Es war meine Schuld.
C'est moi qui suis en tort.
[sä mua ki süis_ang torr]

Es war Ihre Schuld.
C'est vous qui êtes en tort.
[sä wu ki äts_ang torr]

Geben Sie mir bitte Ihren Namen und Ihre Anschrift!
Vous pouvez me donner votre nom et votre adresse?
[wu puweh mö donneh wottrö nong eh wottr_adräs]

ESSEN/UNTERHALTUNG

Wo gibt es hier ...
Vous pourriez m'indiquer...
[wu purjeh mängdikeh]

... ein gutes Restaurant?
... un bon restaurant?
[äng bong rästorang]

... ein nicht zu teures Restaurant?
... un restaurant pas trop cher?
[äng rästorang pa troh schär]

Reservieren Sie uns bitte für heute Abend einen Tisch für vier Personen.
Je voudrais réserver une table pour ce soir, pour quatre personnes.
[schwudrä räsehrweh ün tablö pur sö suar pur kat pärsonn]

Wo sind bitte die Toiletten?
Où sont les W.-C., s.v.p.?
[u song leh wehseh sil wu plä]

Auf Ihr Wohl!
A votre santé!/A la vôtre!
[a wottr sangteh/a la wohtr]

Bezahlen, bitte.
L'addition, s.v.p. [ladisjong sil wu plä]

Hat es geschmeckt?
C'était bon? [sehtä bong]

Das Essen war ausgezeichnet.
Le repas était excellent.
[lö röpa ehtät_äksälang]

ÜBERNACHTUNG

Können Sie mir bitte ein gutes Hotel empfehlen?
Pardon, Mme/Mlle/M., vous pourriez recommander un bon hôtel?
[pardong madam/madmuasäl/mösjöh wu purjeh rökommangdehäng bonn_ohtäl]

Haben Sie noch ...
Est-ce que vous avez encore ...
[äs_kö wus_aweh angkorr]

... ein Einzelzimmer?
... une chambre pour une personne?
[ün schangbr pur ün pärsonn]

... ein Zweibettzimmer?
... une chambre pour deux personnes? [ün schangbr pur döh pärsonn]

... mit Bad?	... avec salle de bains? [awäk sal dö bäng]
... für eine Nacht?	... pour une nuit? [pür ün nüi]
... für eine Woche?	... pour une semaine? [pür ün sömän]
Was kostet das Zimmer mit Frühstück?	Quel est le prix de la chambre, petit déjeuner compris? [käl_ä lö prid la schangbr pti dehschöneh kongpri]

PRAKTISCHE INFORMATIONEN

Arzt

Können Sie mir einen guten Arzt empfehlen?	Vous pourriez recommander un bon médecin, s.v.p.? [wu purjeh rökommangdeh äng bong mehdsäng sil wu plä]
Ich habe Fieber.	J'ai de la fièvre. [schä dla fjäwr]
Ich habe hier Schmerzen.	J'ai mal ici. [scheh mal isi]

Post

Was kostet ...	Quel est le tarif pour affranchir ... [käl_ä lö tarif pur afrangschir]
... eine Postkarte ...	... des cartes postales ... [deh kart postal]
... nach Deutschland?	... pour l'Allemagne? [pur lalmanj]

ZAHLEN

0	zéro [sehroh]	20	vingt [wäng]
1	un, une [äng, ühn]	21	vingt et un, une [wängt_eh äng, ühn]
2	deux [döh]	22	vingt-deux [wängt döh]
3	trois [trua]	30	trente [trangt]
4	quatre [katr]	40	quarante [karangt]
5	cinq [sängk]	50	cinquante [sängkangt]
6	six [sis]	60	soixante [suasangt]
7	sept [sät]	70	soixante-dix [suasangt dis]
8	huit [üit]	80	quatre-vingt [katrö wäng]
9	neuf [nöf]	90	quatre-vingt-dix [katrö wäng dis]
10	dix [dis]	100	cent [sang]
11	onze [ongs]	200	deux cents [döh sang]
12	douze [dus]	1000	mille [mil]
13	treize [träs]	2000	deux mille [döh mil]
14	quatorze [kators]	10000	dix mille [di mil]
15	quinze [kängs]		
16	seize [säs]		
17	dix-sept [disät]		
18	dix-huit [disüit]	1/2	un demi [äng dmi]
19	dix-neuf [disnöf]	1/4	un quart [äng kar]

Reiseatlas Elsass

**Die Seiteneinteilung für den Reiseatlas finden Sie
auf dem hinteren Umschlag dieses Reiseführers**

Mit freundlicher Unterstützung von

kein urlaub ohne

holiday
autos

www.holidayautos.com

total relaxed in den urlaub: einsteiger-übung

1. lehnen sie sich entspannt zurück und gleiten sie in gedanken zu den cleveren angeboten von holiday autos. stellen sie sich vor, als weltgrösster vermittler von ferienmietwagen bietet ihnen holiday autos

   - mietwagen in über 80 urlaubsländern
   - zu äusserst attraktiven preisen

2. vergessen sie jetzt die üblichen zuschläge und überraschungen. dank

   - alles inklusive tarife
   - wegfall der selbstbeteiligung
   - und min. 1,5 mio € haftpflichtdeckungssumme (usa: 1,1 mio €)

   steht ihr endpreis bei holiday autos von anfang an fest.

3. nehmen sie ganz ruhig den hörer, wählen sie die telefonnummer **0180 5 17 91 91** (12cent/min), surfen sie zu **www.holidayautos.com** oder fragen sie in ihrem reisebüro nach den topangeboten von holiday autos!

kein urlaub ohne

holiday autos

Autobahn mit Anschlussstelle - Mautstelle	Motorway with junction - Toll
Autobahn in Bau - geplant	Motorway under construction - projected
Tankstelle - Rasthaus -, mit Motel	Filling station - Restaurant -, with motel
Vierspurige Straße - in Bau	Road with four lanes - under construction
National- oder Staatsstraße - in Bau	Trunk road - under construction
Wichtige Hauptstraße - in Bau	Important main road - under construction
Hauptstraße - Nebenstraße	Main road - Secondary road
Fahrweg - Fußweg	Practicable road - Footpath
Passstraße mit Wintersperre - Steigung	Mountain pass closed in winter - Gradient
Für Wohnwagen nicht empfehlenswert -, verboten	Not suitable for caravans - closed
Maut - gebührenpflichtige Straße - Für Kfz gesperrt	Toll - Toll road - Road closed for motor traffic
Hauptbahn mit Bahnhof - Nebenbahn	Main railway with station - Other railway
Eisenbahn (Güterverkehr) - Autoverladung	Railway (freight haulage) - Railway ferry for cars
Zahnradbahn - Seilbahn - Sessellift	Rack-railway - Cable lift - Chair lift
Autofähre - Schifffahrtslinie	Car ferry - Shipping route
Flughafen - Regionalflughafen - Flugplatz - Segelflugplatz	Airport - Regional airport - Airfield - Gliding field
Besonders sehenswerter Ort	Place of particular interest
Besondere Naturesehenswürdigkeit	Natural object of particular interest
Sonstige Sehenswürdigkeit	Other objects of interest
Landschaftlich schöne Strecke	Scenic road
Touristenstraße	Tourist route
Nationalpark, Naturpark - Aussichtpunkt	National park, nature park - Viewpoint
Botanischer Garten, sehenswerter Park - Zoologischer Garten	Botanical gardens, interesting park - Zoological garden
Burg, Schloss für Besucher zugänglich - Ruine	Castle open to public - Ruin
Sonstige Burg, Schloss - Kirche - Kloster - Ruinen	Other castle - Church - Monastery - Ruins
Turm - Funk- oder Fernsehturm	Tower - Radio- or TV tower
Denkmal - Leuchtturm	Monument - Lighthouse
Golfplatz - Jachthafen	Golf-course - Marina
Hotel, Motel, Gasthaus - Berghütte - Feriendorf	hotel, motel, inn - Mountain hut - Tourist colony
Campingplatz - Jugendherberge	Camping - Youth hostel
Strandbad - Schwimmbad - Heilbad	Bathing place - Swimming pool - Spa
Staatsgrenze	State boundary
Grenzkontrollstelle international - mit Beschränkung	International check-point - Check-point with restrictions
Verwaltungsgrenze - Sperrgebiet	Administrative boundary - Restricted area
Ausflüge & Touren	Excursions & tours

Horb

Datum/Date

La Macchia

X-IV   10%

LISBOA

Grotta d. Vento

★ Cittadella

Route des Grandes Alpes

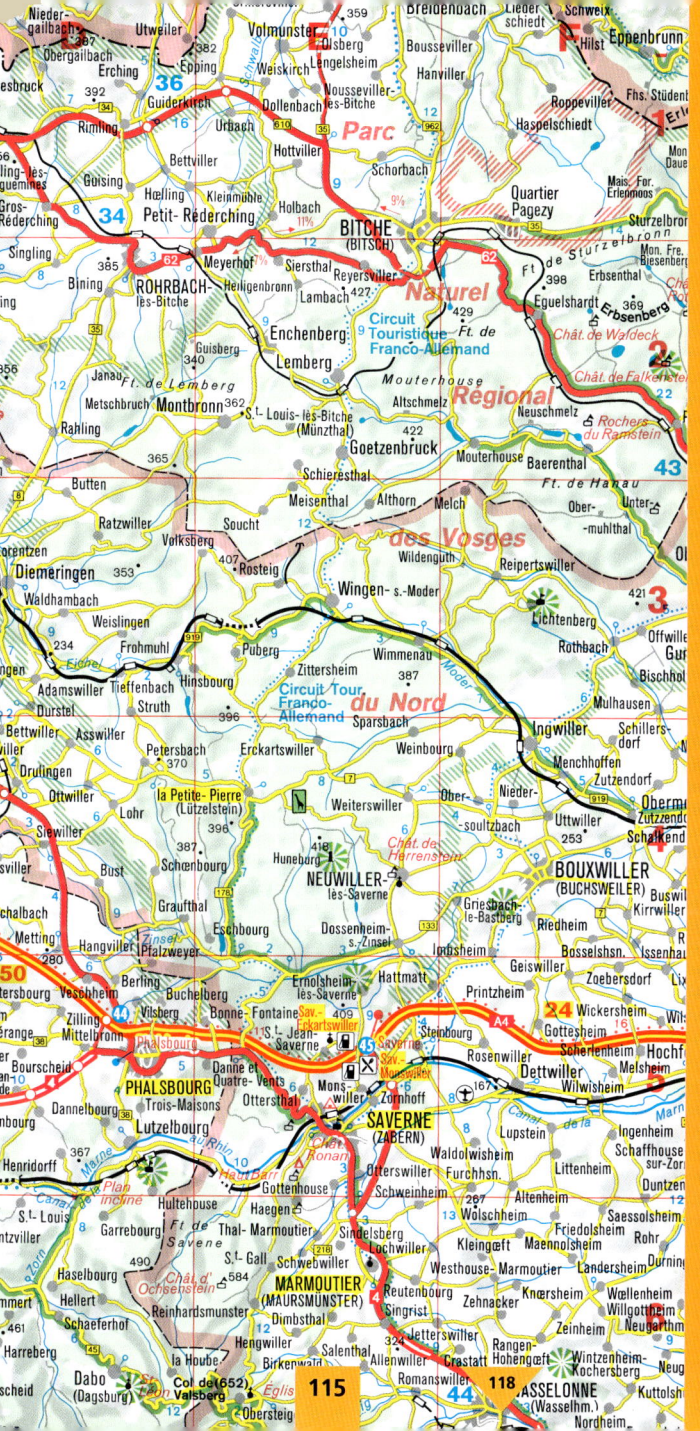

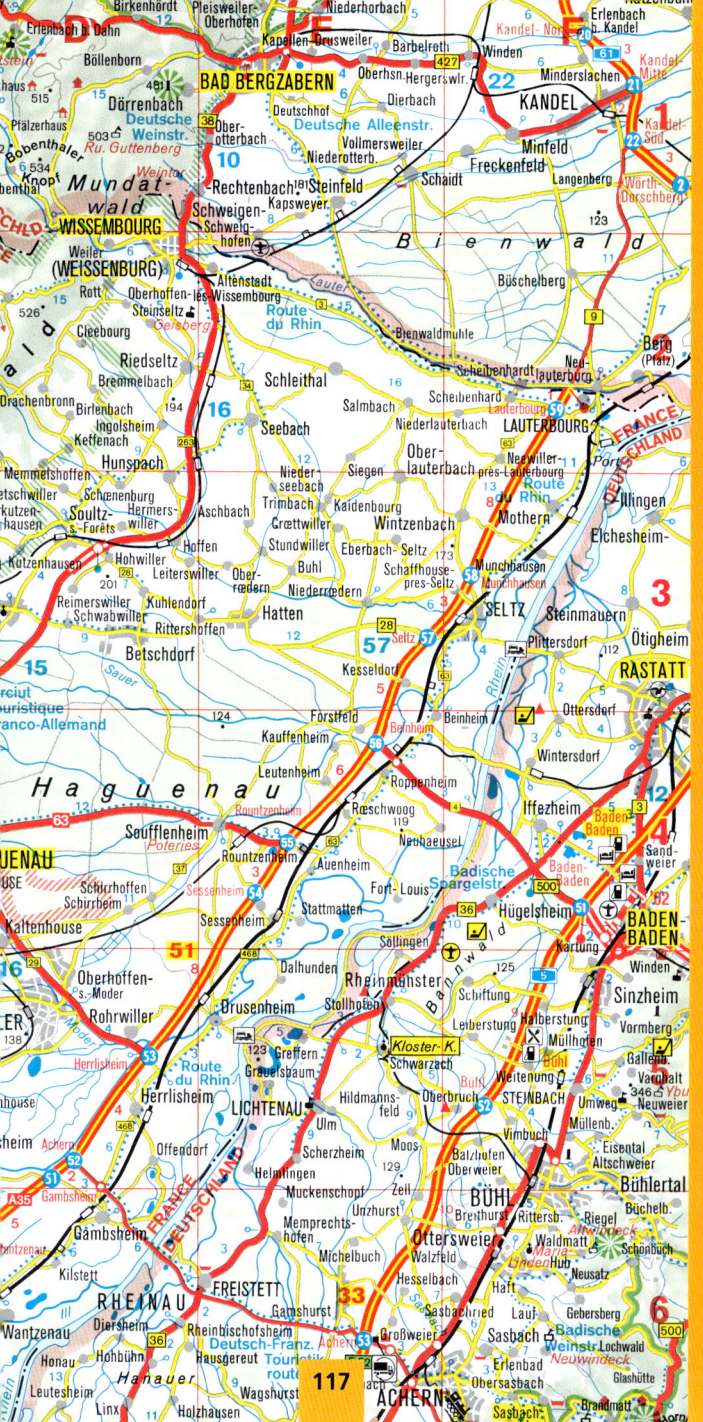

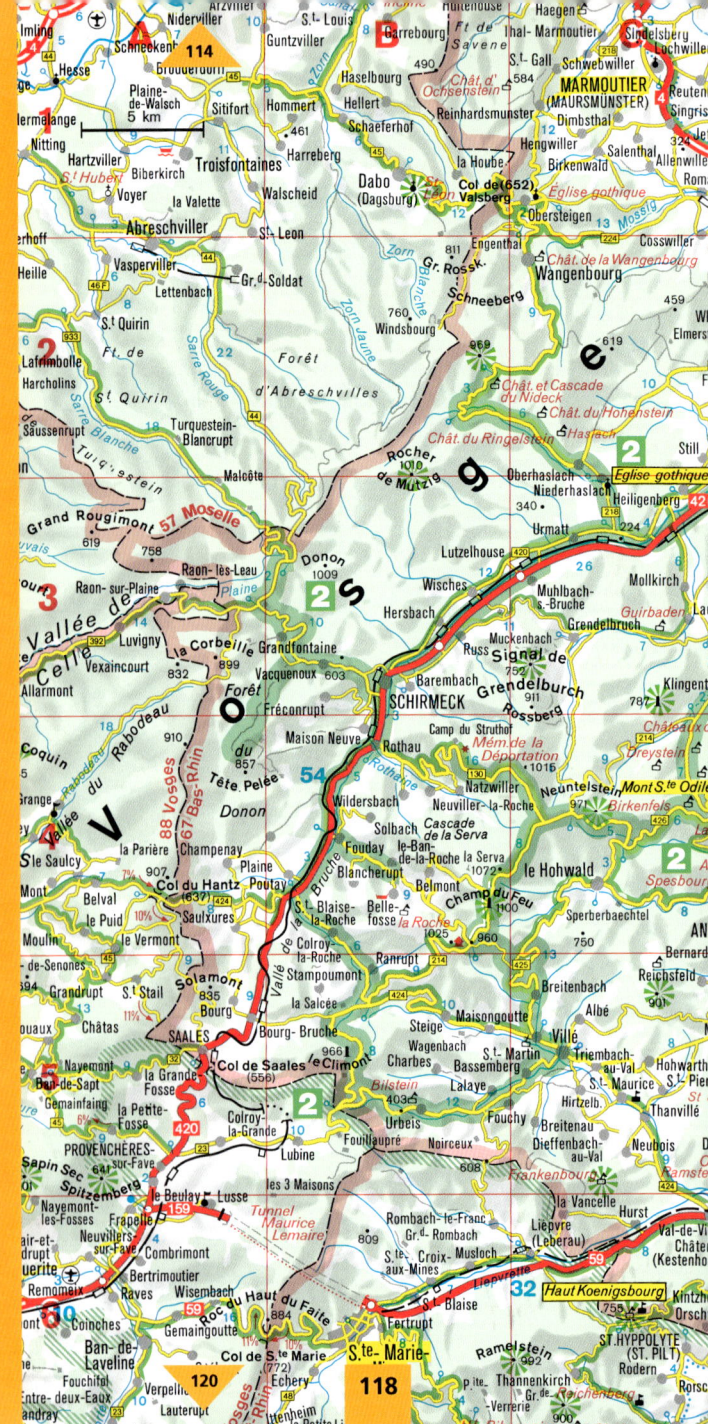

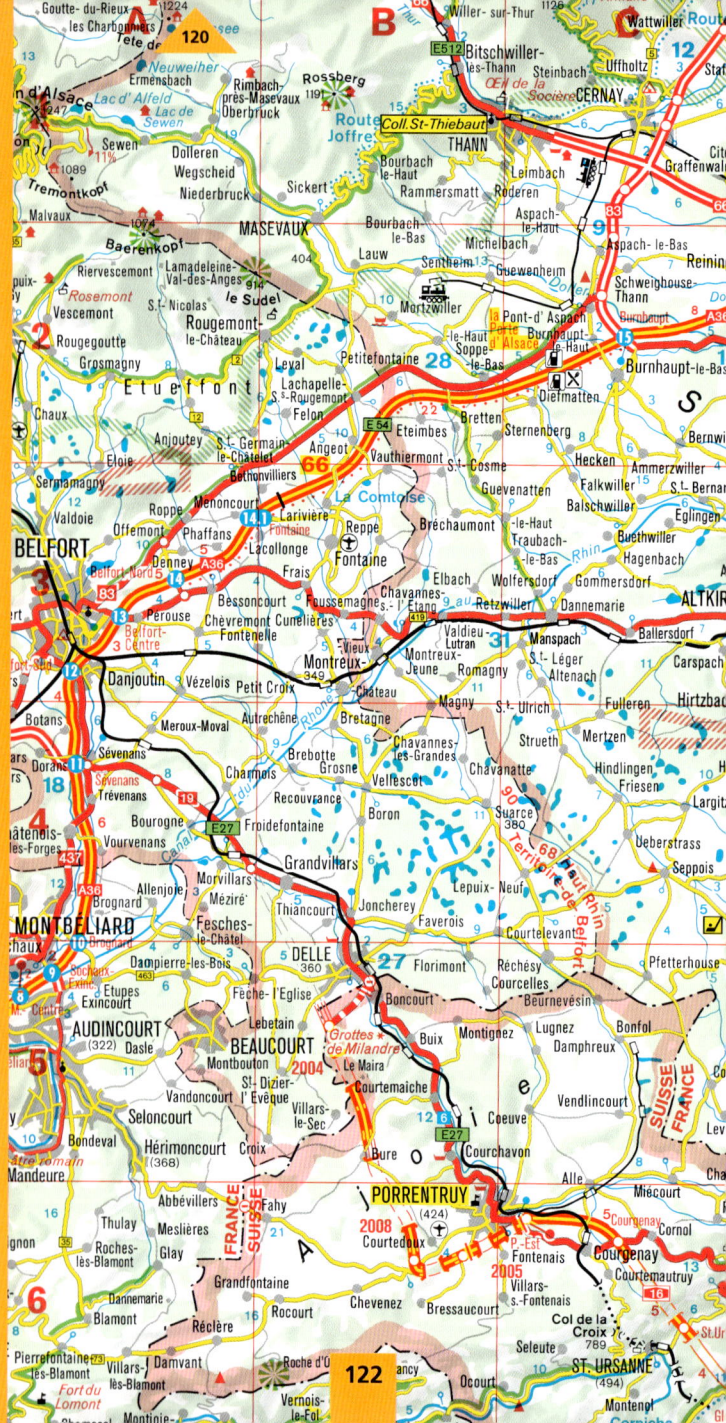

total relaxed in den urlaub: übung für fortgeschrittene

1. schliessen sie die augen und denken sie intensiv an das wunderbare wort „ferienmietwagen zum alles inklusive preise". stellen sie sich viele extras vor, die bei holiday autos alle im preis inbegriffen sind:

- unbegrenzte kilometer
- haftpflichtversicherung mit min. 1,5 mio €uro deckungssumme (usa: 1,1 mio €uro)
- vollkaskoversicherung ohne selbstbeteiligung
- kfz-diebstahlversicherung ohne selbstbeteiligung
- alle lokalen steuern
- flughafenbereitstellung
- flughafengebühren

2. atmen sie tief ein und lassen sie vor ihrem inneren auge die zahlreichen auszeichnungen vorbeiziehen, die holiday autos in den letzten jahren erhalten hat.

   sie buchen ja nicht irgendwo.

3. nehmen sie ganz ruhig den hörer, wählen sie die telefonnummer **0180 5 17 91 91** (12cent/min), surfen sie zu **www.holidayautos.com** oder fragen sie in ihrem reisebüro nach den topangeboten von holiday autos!

kein urlaub ohne
holiday autos

MARCO◉POLO

Für Ihre nächste Reise gibt es folgende Titel:

Schreiben Sie uns!

Liebe Leserin, lieber Leser,

wir setzen alles daran, Ihnen möglichst aktuelle Informationen mit auf die Reise zu geben. Dennoch schleichen sich manchmal Fehler ein – trotz gründlicher Recherche unserer Autoren/innen. Sie haben sicherlich Verständnis, dass der Verlag dafür keine Haftung übernehmen kann. Wir freuen uns aber, wenn Sie uns schreiben.

Senden Sie Ihre Post an die MARCO POLO Redaktion, Mairs Geographischer Verlag, Postfach 31 51, 73751 Ostfildern, marcopolo@mairs.de

Impressum

Titelbild: Petite Venise, Colmar (Huber: Schmid)
Fotos: W. Dieterich (U. l., U. M., U. r., 4, 9, 12, 14, 18, 20, 22, 27, 37, 39, 45, 46, 49, 58, 59, 63, 64, 66, 72, 80, 83, 91); R. Freyer (7, 28, 41, 47, 50, 71, 75, 79, 100); HB Verlag: (24); Kirchner (1, 2 u., 5 l., 5 r., 6, 10, 16, 26, 30, 34, 40, 42, 54, 61, 67, 68, 74, 86, 88, 92, 95, 96, 99); Huber: Schmid (111); A. Kaeflein (25); Mauritius: Vidler (2 o.); E. Wrba (32)

9., aktualisierte Auflage 2003 © Mairs Geographischer Verlag, Ostfildern
Herausgeber: Ferdinand Ranft, Chefredakteurin: Marion Zorn
Redaktion: Nikolai Michaelis, Bildredaktion: Gabriele Forst (Leitung)
Kartografie Reiseatlas: © Mairs Geographischer Verlag/Falk Verlag, Ostfildern
Gestaltung: red.sign, Stuttgart
Sprachführer: in Zusammenarbeit mit dem Ernst Klett Verlag GmbH, Stuttgart, PONS Wörterbücher

Bloß nicht!

Auch im Elsass gibt es Touristenfallen und Dinge, die man besser meidet

Alkohol am Steuer
Achtung, auch in Frankreich wurde die Promillegrenze auf 0,5 Promille gesenkt. Man muss also beim Alkoholkonsum sehr zurückhaltend sein.

Es Dieben allzu leicht machen
Straßburg ist zwar noch nicht Marseille, doch machen Automarder und Taschendiebe auch die Elsassmetropole zunehmend unsicher. Sie sollten beim Stadtbummel, in den öffentlichen Verkehrsmitteln und im Gedränge gut auf Handtasche und Fotoapparat aufpassen, Wertsachen nie im Auto lassen, den Wagen immer gut abschließen und das Portemonnaie nicht griffbereit in der (hinteren) Hosentasche tragen. Als besonders riskant gilt in Straßburg neben dem Bahnhof und seiner Umgebung der Münsterplatz.

Mit dem Auto in die Innenstädte
In die Straßburger Innenstadt sollten Sie möglichst nicht mit dem Wagen fahren. Parkplätze sind rar, und Falschparker müssen mit empfindlichen Geldbußen rechnen: Rund 10 Euro kassiert die Polizei, wenn die Parkuhr abgelaufen ist, fast 40 Euro muss löhnen, wer sein Auto im Parkverbot abgestellt hat und dabei erwischt wird. Geparkte Wagen, die den Verkehr behindern, werden gnadenlos abgeschleppt, und die Rechnung ist dann mit rund 125 Euro noch gesalzener. Besonders schwierig erweist sich die Parkplatzsuche an den im Elsass generell verkaufsoffenen Samstagen sowie an deutschen Feiertagen, die in Frankreich keine sind. Dann strömen Einkaufstouristen zu Tausenden aus der benachbarten Bundesrepublik über die Grenze. Die Straßburger Parkhäuser in der Innenstadt sind dann bereits morgens voll. Besser ist es, den Wagen außerhalb des Stadtkerns zu lassen und ein paar Minuten zu Fuß zu gehen. Ähnlich sieht es an solchen Tagen in Mulhouse aus. Beide Städte bieten an den Hauptverkaufstagen ein Park-and-Ride-System an. In Straßburg empfehlen sich mehrere Straßenbahnlinien als billige und zudem bequeme Alternative (Auskunft beim Informationsbüro an der Grenze).

Trubel an der Weinstraße
Die Weinstraße gehört zu den Highlights eines Elsassaufenthalts. In den Hauptferienmonaten kann ein Besuch allerdings zur Qual werden, besonders am Wochenende, wenn zahlreiche Ausflügler aus der Region für zusätzlichen Trubel sorgen.